남방감각

南方感覺

일본 동남아시아 학술총서 09

南方感覺

남방감각

데라시타 무네타카 저 ─ 정병호 역

보고사
BOGOSA

　　고려대학교 글로벌일본연구원은 근대기 이후 동남아시아 지역에 대한 지속적이며 지대한 관심을 바탕으로 이 지역 관련 연구를 활발히 진행하였던 일본의 동남아시아 관련 연구성과를 국내에 소개하는 한편, 그들이 축적한 동남아시아에 대한 지견을 올바로 파악하고자 '일본동남아시아 학술총서'를 기획·발행하게 되었다. 본 총서는 2021년 전 8권으로 간행한 '일본동남아시아 학술총서'의 제2단계 후속 간행물에 해당한다.

　　제9권인 『남방감각(南方感覺)』(정병호 역)은 당시 인도네시아를 중심으로 하여 남양지역에 풍부한 견식을 가지고 있었던 데라시타 무네타카(寺下宗孝)가 1941년에 간행한 저서이다. 이 책은 일본 내에서 남양 열기가 고조되고 일본이 본격적으로 이 지역의 세력확대를 도모하던 시기에 주로 현재의 말레이시아와 인도네시아 지역을 중심으로 이 지역에 대한 근본적이고 항구적인 남방정책과 남방 민족의 심리를 파악하고자 하였다. 그래서 동남아시아 지역에 대한 일본의 남방정책, 말레이반도와 인도네시아 지역에 대한 서양의 지배와 개발의 역사, 무역과 경제 상황, 무역·산업·재정, 그리고 자연 지리적 환경 등을 상세하게 소개하고 있다. 그런데 이 책의 가장 큰 특징은 남방에 대한 근본적이고 항구적인 정책을 수립하기 위해서는 남방 민족의 심리와 정신생활, 풍속 습관에 대한 지식과 이해가 필요하다고 하는 주장이다. 저자는 이를 위해서, 남방민족의 인종적 분포와 그 역사, 남방 민족의 종교 생활, 그리고 이 지역에서 전승되는 노래와 신화·전설과 관련하여 상당한 지면을 들여 상세하게 소개하고 있다. 그러나 이 책의 주요한 관심은 당시 세계정세의 급격한 변화와 더불어 일본이 동남아시아 지역을 중심으로 이른바 '대동아공영권' 건설을 어떻게 달성할지에 그 중심이 놓여 있다고 할 수 있다.

　제10권인 『남방발전사(南方發展史)』(송완범 역)는 '남양(南洋)'으로의 침략을 꾀했던 제국 일본의 남양 정책을 뒷받침했던 글을 쓴 게무야마 센타로(煙山專太郎)가 1941년 3월에 일본방송출판부(日本放送出版部)에서 출판한 저서이다. 게무야마는 도쿄제국대학을 졸업하고 와세다대학에서 메이지부터 쇼와에 걸쳐 교편을 잡았던 서양사 전공의 학자이자 정치학자이다. 이 책은 역사학자인 게무야마답게 지구상의 남과 북에 펼쳐진 여러 세력의 성쇠를 다룬 역사론 5편을 싣고 있다. 제1편은 1932년 12월의 강연이며, 제2편은 1934년 10월에 발표한 것이다. 그 외 세 편은 당시의 라디오 방송에 사용한 원고들로 제3편은 1939년 6월에, 제4편은 1940년 4월에, 마지막 제5편은 1941년 1월에 도쿄에서 발신했다. 이 중 마지막 방송의 제목을 따서 책명으로 삼은 것이다. 동남아시아 전공의 권위자 야노 도오루(矢野暢)에 의해 이른바 '난신야(南進屋)'라고 불린 게무야마의 저작은 1930, 40년대 당시의 제국 일본의 남양 인식을 대변한다. 그것이 잘 나타나는 것이 제2편 「일본의 남진정책」에 실린 '왜구(倭寇)'의 활동을 평가하고 "왜구의 특징인 '해양 본능'을 위축시키지 않았다면, 유럽 세력이 동남아시아에 이르기 전에 '모험심 강한 일본인'이 분명히 남쪽 섬들을 손에 넣었을 것이다. (중략) 만약 에도(江戶) 막부가 도요토미 히데요시(豊臣秀吉) 정도의 배짱과 결단력을 지니고 있었다면 타이완을 일찍부터 손에 넣을 수 있었을 것"이라는 주장에서 잘 나타난다. 이러한 '남진론'은 소위 '대동아공영'이라는 침략사상을 여과 없이 분출하고 있는 것으로 현재의 동남아지역을 일본을 위한 침략의 도구로 밖에 생각하고 있지 않았음을 명확히 보여준다.

제11권인 『하와이 이야기(布哇物語)』(김효순 역)는 나카지마 나오토(中島直人)가 1936년 간행한 저서이다. 주지하는 바와 같이 일본인들이 하와이에 이주를 하기 시작한 것은 1860년대로, 하와이 왕국의 중추적인 산업으로 성장한 제당산업의 일손을 메우기 위해 시작된 노동 이민은 정주 시대(1908~1924)를 거쳐 오늘날 120만여 명에 달한다. 이렇게 관제이민 내지는 플랜테이션 노동자로서 외지 돈벌이를 목적으로 이민을 간 일본인들은 현지에 정착하며 자신들의 문화를 발생시키고 일본어로 신문잡지를 간행한다. 초기에는 내지 작가의 전재(轉載)가 주를 이루었고 차차 내지와 하와이를 왕래하는 일시 거주 작가가 나오게 되었으며, 이들이 어느 정도 정착하여 2세가 나오는 1910년 전후부터는 하와이 고유 작가가 나오기도 한다. 나카지마 나오토는 하와이이민 2세 작가로, 본서는 그의 단편 「하와이 역(ハワイ驛)」, 「하와이의 두 소년과 캠프(ハワイの二少年とキャンプ)」, 「미스 호카노의 회초리(ミス・ホカノの鞭)」, 「사탕수수밭 화재(キビ火事)」, 「물소(すゐぎゆう)」, 「후추(胡椒)」, 「숲의 학교(森の學校)」, 「캠프의 환상(キャ

ンプの幻想)」, 「카나카(カナカ)」, 「하와이 태생의 감정(布哇生れの感情)」
10편을 모아 출판한 책이다. 이들 작품에는 하와이 2세 고유 작가로
서, 나카지마 나오토의 중국인, 하와이 원주민 등에 대한 대타적 자
아 인식이나 국가와 민족에 대한 개념, 낯선 자연과 이민 2세로서의
일상생활의 애환 등이 하와이 고유의 일본어로 잘 그려져 있다.

　제12권인『자바 사라사(ジャワ更紗)』(엄인경 역)는 태평양 전쟁 때 징
용되어 군대와 함께 인도네시아 자바로 향한 다케다 린타로(武田麟太
郎)가 자바섬에서 육군 보도 반원으로서 겪거나 느낀 일에 관하여 기
록한 내용을 모은 것이다. 프롤레타리아 작가로 출발하여 서민적 풍
속소설로 인기와 명성을 구가하던 다케다는 1942년 봄 육군과 함께
자바에 상륙하였고, 1942년부터 1944년에 이르기까지『도쿄아사히
신문(東京朝日新聞)』이나『신 자바(新ジャワ)』등 일본과 인도네시아의
여러 신문·잡지 매체에 자바 관련의 다양한 글을 기고했다. 스스로
징용 기간을 연장하며 1943년까지 자바에 머무르던 그는 일본으로
귀국한 후 1944년 말 단행본『자바 사라사』를 간행하였으며, 현재도
인도네시아 최고 특산물인 자바 사라사를 제목으로 삼은 이 책은 단
연 그의 인도네시아 담론의 핵심을 담고 있다. 본서를 통해 전의를
고양시키고 전황 정보를 제공하는 것뿐 아니라 원주민들과 교류하며
문화를 시찰하고 문화 공작을 실시하는 등 전쟁 수행의 일익을 담당
하면서도, 인도네시아의 독립을 응원하고 인도네시아 문학자들과 교
류하며 현지인들과 그 문화에 남다른 애착을 지녔던 다케다 린타로의
복잡다단한 내면과 징용 작가의 현실을 들여다볼 수 있을 것이다.

　제13권인『해협천지회(海峽天地會)』(유재진 역)는 오구리 무시타로

(小栗蟲太郎)가 일본이 진출한 영국령 말라야를 배경으로 쓴 탐정소설이다. 오구리 무시타로는 일본의 추리소설 작가이자 비경(祕境)탐험소설 작가로서 본명은 오구리 에이지로(小栗榮次郎)이다. 오구리 무시타로는 한자어에 가타가나 독음을 붙여 여러 의미로 해석이 가능한 표현 방식과 서양의 철학과 예술 지식을 과할 정도로 과시하는 극단적인 현학취미를 보여주며, 그 현학취미의 결정체가 일본 3대 기서(奇書) 중 하나인 『흑사관살인사건(黑死館殺人事件)』(1934)이다. 해외여행은 물론이고 관동평야(關東平野) 밖을 나간 적이 없을 정도로 방구석에서 동서양의 서적만 읽고 창작하던 오구리 무시타로는 1941년 육군보도반원으로 영국령의 말라야로 파견을 갔다 이듬해 말에 귀국하였다. 이때의 영국령 말라야를 배경으로 직필한 탐정소설이 『해협천지회(海峽天地會)』이고 말라야의 비밀결사를 테마로 한 소설이다. 일본군이 진출한 동남아시아는 단일민족국가인 한국과 달리 여러 인종이 존재하는 국가들로 종주국과 식민지라는 일대일의 대칭관계와 다른 구조를 보인다. 이러한 비대칭관계는 이 책『해협천지회』에서도 일본군은 영국령 말라야에서 경제적 패권을 쥐고 항일운동을 이어가는 중국인 화교를 숙청하고 말레이인이나 인도인을 우대하는 방향을 취하는 식으로 엿볼 수 있다.

제14권인『남방제지역용 일본문법교본(日本文法敎本)』(채성식 역)은 1943년에 일본어교육진흥회(日本語敎育振興會)에서 간행한 일본어 문법서로 2021년에 〈일본동남아시아 학술총서〉에서 간행한 『남방제지역용 일본문법교본 학습지도서(南洋諸地域用日本文法敎本學習指導書)』의 모체가 되는 책이다. 언어 유형론적으로 일본어와 큰 차이를 보이는 언어체계를 가진 남방지역 언어 모어화자를 대상으로 생경한 일본어, 특히 일본어의 문법적 사항에 대해 어떠한 교육이 이루어졌는지를 본서를 통해 엿볼 수 있다.

이들 번역서는 당시의 남양·남방, 즉 지금의 동남아시아 지역의 역사, 문화, 생활, 풍토, 언어교육, 그리고 이들에 대한 일본의 전반적인 인식 등을 일본인의 시각에서 어떻게 담아내고 있는지를 잘 보여주고 있다. 따라서 본 '일본동남아시아 학술총서'는 근대기 이후 일본이 동남아시아에 어떠한 영향력을 끼쳐 왔으며 이 과정에서 일본이 축적한 다양한 지견과 연구성과를 올바르게 파악하는 데 도움이 될 것이며, 나아가 다양한 분야에서 동남아시아 관련 후속 연구의 기초자료로 활용될 수 있을 것이다.

마지막으로 본 총서의 간행을 흔쾌히 맡아주신 도서출판 보고사의 김흥국 사장님과 세심한 부분까지 꼼꼼하게 편집을 해주신 박현정 편집장님을 비롯한 편집팀 여러분께 감사의 마음을 전하고자 한다.

2022년 12월
고려대 글로벌일본연구원
〈일본동남아시아 학술총서〉 간행위원회

목차

남방의 모습

남방의 예술

남방의 신화와 전설

제국외교의 확립과 '북거남진(北據南進)'

자서(自序)

오늘날 남방문제를 생각해 볼 때, 나는 항상 300여 년 전——즉, 1636년의 도쿠가와(德川) 막부의 저 쇄국금령을 상기하지 않을 수 없다.

이 금령에 의해 일본과 남방 방면의 교통이 두절해 버리고, 그 이래 200여 년 사이 해외웅비의 이론을 그 근저에서 완전히 상실해 버린 것이다.

생각하면, 용감한 우리들 조상 민족이 저 나뭇잎과 같은 작은 배에 전 생명을 의탁하여 프랑스령 인도차이나, 태국, 말레이, 말루쿠 (Maluku) 제도, 셀레베스, 보르네오 등 당시로는 매우 원격의 땅이었던 이들 이향(異鄕)에, 이른바 만리(萬里)의 커다란 파도를 뛰어넘어 웅비하고 있었던 것이다.

그리고 어느 의미에서 오늘날 말하는 바의 척남(拓南)의 선구자인 하마다 야효에(濱田彌兵衛)[1]나, 야마다 나가마사(山田長政)[2] 내지는 그

....
1 에도(江戸)시대 초기의 주인선(朱印船) 선장으로 무역상인이었다. 당시 대만을 점령하고 있었던 네덜란드가 주인선 무역을 방해하고 있었기 때문에 1628년 무장선원 400여 명을 동행하여 대만에서 네덜란드 총독을 협박하여 인질과 배상금을 받아 귀국하였다.
2 에도(江戸)시대 전기에 현재의 태국인 샴에서 일본인 마을을 중심으로 하여 동남아시

정도까지 유명하게 역사에 남아있지 않아도 패기만만한 야마토(大和)
장부가 그 뼈를 만 리의 저편에 묻은 로맨틱한, 그리고 웅비한 이야기
가 수많이 남아 있었다.

오늘날까지 이대로 일본민족이 남방각지에서 활약하는 것이 허용
되어 있었다고 한다면, ……오늘날 우리의 남방정책도 세계에 앞서서
얼마나 위대한 지반과 업적을 우리들에게 보이고, 또한 우리들이 그
것을 용이하게 계승할 수 있었을 것이라고 생각하는 것은 나 한 사람
만이 가지는 감개이지 않을 거라고 생각한다.

그러나 왕시의 차질을 멋대로 추억해도 어쩔 도리가 없지만 단 여
기에서 우리들이 깊이 생각해도 좋은 점은 '선견지명'이 없는 위정자
의 국가정책 오류라고 하는 것이 얼마나 먼 장래까지에도 장애를 남
기고 있는가라는 사실이다.

오늘날, 남방정책은 일본이 정한 커다란 명제로서 우리들 국민들
눈앞에 놓여 있지만, 그 남방정책은 무언가에 편승하는 일시의 대책
이어서는 절대 안 된다고 하는 점이다.

어디까지나 근본적이고 또한 항구적 대책을 마음 깊은 곳에서 수
립하지 않으면 안 된다.

그리고 그 남방문제를 비판, 해부하는데 즈음해서도 단순한 '강행
정책'의 추상론이거나 막연한 남방을 가리켜 일견 용감하게 들리는
저용(猪勇)형의 '남진론'이어서는 안 된다.

....
아에서 활약한 인물로 알려져 있다.

이것은 두말할 필요도 없이 극히 개념적 정치 심리의 자기 함정이
며, 즉 국가 백 년의 원대한 계획의 방법론은 결코 될 수 없다.

만약에 오늘날 남방민족에 대해 우선 민족심리를 탐구하려고 한다
면, 첫째로 남방민족의 인종적 분포의 엄밀한 재검토를 필요로 하는
시기이다.

동시에 그들의 인종학적, 역사적 과정의 올바른 회상도 필요할 것
이다.

또한 그들의 정신생활을 엿보기 위해서는 그 대상인 그들의 '종교'
에 대한 관찰도 당연히 하지 않으면 안 되는 사항이다.

종교라고 하면, 그 중심세력인 이슬람교(회교)에 대해서도 알 필요
가 있을 것이다.

더욱 엄밀하게 생각한다면 그 내부적 종교심리라고 해야 할, 인도
교(신바라문교)에 대한 인식도 가지지 않으면 안 될 것이다.

혹은 남방민족의 민정(民情)을 알기 위해서는 그 풍속습관과 그들
의 꿈의 자취인 전통전설도 멀리 탐구하지 않으면 안 된다.

두말할 필요도 없이 일본의 동아공영권을 확립하기 위해서는 중국
은 물론 이 남방민족의 마음을 먼저 파악할 것인가 아닌가라는 점에
달려있다고 생각한다.

나는 이들 남방문제에 대해 다른 사람들에게 말할 만큼 아무런 연
구도 가지고는 있지 않다.

그러나 나 자신의 남방에 대한 '입문 보고서'로서 가벼운 기분으로
이 저서를 받아들여 준다면 무엇보다 다행이다. 더구나 이 '남방감각'
이 독자에 대해 얼마간의 암시가 될 수 있다면 기대 이상의 영광이다.

×   ×

어쨌든 나의 '남방평론'에 의외의 성원을 보내 주신 미지의 많은
분들, 혹은 이 대부분을 연재해 주신 『대민(大民)』 및 각 잡지사, 더욱
이 이 상재를 열심히 권해 주신 산유샤(三友社)의 다니구치(谷口), 히
가시(東) 두 사람에게 여기에서 한 마디 인사를 드리고 싶다.

더욱이 참고로 귀중한 문장을 인용하게 해 주신 다나카 하지메(田
中肇) 씨, 사이토 마사오(齋藤正雄) 씨에게도 감사의 말을 드리고 싶다.

또한 나의 최근 집필을 항상 격려해 주시는 '양자강사(揚子江社)'
의 사카나이 신조(坂名井深藏) 씨, 동아동문회(東亞同文會)[3] '외교시보
사(外交時報社)'의 우지타 나오요시(宇治田直義) 씨, '실업의 세계사(實
業之世界社)'의 나미키 시게루(竝木茂) 씨에게도 이 기회를 빌려 감사
의 인사를 한마디 표하고 이 한 권이 상재되었음을 아울러 보고하고
싶다.

그리고 매번 내 저서에 흔쾌히 제자(題字)를 휘호해 주시는 '봉명서
원(鳳鳴書院)' 스즈키 오테이(鈴木汪亭) 선생님 및 장정을 해 주신 사카
구치 에이이치(坂口英一) 씨에게 감사의 말씀을 드리고 싶다.

×   ×

....

3 1898년부터 1946년에 걸쳐 일본에서 아시아주의를 내건 민간외교단체인데 실제로
일본의 제국주의 팽창을 도모한 국책단체라 할 수 있다.

독일과 소련의 공기가 점점 절박해졌다.

동시에 세계의 동향이 점차 복잡미묘해지고 있다.

이 저서가 세상에 나올 때에는 어쩌면 독일과 소련 사이가 한층 위기에 빠질지도 모른다. 이와 동시에 일본의 남방에 대한 문제가 점차 중대해질 것이다.

이러한 의미에서 '남방감각'이라는 저서가 가령 빈약한 것이라 하더라도 탄생해도 좋을 조건과 다소의 의의가 있을지도 모른다.

1941년 6월 10일
저자

네덜란드령 동인도 민족(인도네시안)에게 보낸다(시)

옛날 옛적에, 16세기의 무렵, ――
평화로운 남명(南冥)의 도서(島嶼)에
황금과 향료를 찾아
별안간 백인의 검은 칠을 한 배들이 나타났다.
한 척, 다시 한 척,
누에나방 무리처럼 쇄도해 왔다.

야자잎 향기로운 조용한 남국,
극락조가 춤추며 노래하는 이 낙원은,
백인의 내습에, 홀연히 파괴되어
처참한 무한 지옥으로 전락하였다.
그리고, 섬들의 사람들을
깔보고 유린하며 괴롭히고,
밝아오는 아침에도 저물어가는 황혼도,
아비(阿鼻)와 절망의 비가(悲歌)로
소용돌이치고 미칠 듯이 후들거렸다.

탐욕스러운 백인 무리의 약탈은
이윽고 물질욕으로 그치지 않고
남방민족(인도네시안)의 순결한 '피'와 '대지'까지도
온통 착취해 버린 것이다.
망연히 공허한 눈동자에 흐르는 눈물을
훔치는 기력을 잃은 인도네시아 민족은
그 이래 이곳 참풍비우(慘風悲雨), 수 세기, ──
고난의 생활과 죽음의 인종 속에
허송하면 세월을 보냈다.
아아, 비통과 모진 시련이 얼마나 길었던가!

기억하라!
전 인도네시아의 민족이여!
이 과거의 치욕스러운 역사의 자취를.
그대들의 먼 선조의
저 귀곡(鬼哭) 구슬픈 소리를 들어라!
그리고 새로운 회상을 가지고
산 제물로 묻힌 선조 민족을 위해
하염없이 울어라!

그러나 마침내 시기가 도래하였다!
새로운 태양이 떠올랐다.
새로운 질서가 태어났다.

그대들의 눈앞에 그대들의 전도에.

보라,
백인이 몰락하는 날이 왔다.
무참(無慙) 귀축(鬼畜)한 그들이
최후의 심판을 받을 때가 온 것이다.
이제 대동아 전체의 민족이 똘똘 뭉쳐
백인의 무거운 쇠사슬을 끊어버리는 날이 온 것이다!
아아, 들어라!
'아시아를 아시아에 돌려보내라!'

이 강개(慷慨)한 외침은,
팽배하여 전 아시아의 대천지에
메아리치고 있는 것이다! 크게 울려 진동하고 있는 것이다!
지금이야말로 그대들이
궐기할 기회가 온 것이다!
우리들 1억의 야마토민족은
또한 건곤일척(乾坤一擲)!
이 대동아공영권 확립의
숭고한 이상을 위해
당당히 정의의 깃발을 휘날리며,
엄연히 일어난 것이다!
전 인도네시아의 동포여,

우리가 내뻗은 우정의 팔을 보라,
그리고 신뢰를 담아 우리들의 손바닥을 꽉 쥐어라,
아아, 영겁 무궁하게 변함없이
굳게, 굳게, 굳게. ——

시절은 지금, 1942년, ——
남방의 그대들의 섬들에
우리들의 공존공영을 수립하기 위해,
영광 있는 아시아민족 역사의
새로운 페이지를 창성하기 위해
엄숙하게 욱일기의 배가 나아가는 것이다.

남방정책의 중점

일본의 남방에 대한 정책. ──

이것은 어쩌면 별의 수만큼이나 무한하게 있을 것이다. 외교, 정치, 경제, 산업, 문화, 종교의 문제. 그러나 그 정책을 아주 각기 다르게 떼어내 생각하여 이것이 최대 긴급문제이기 때문에 다른 문제는 아무래도 좋다고 하는 듯한, 이른 바 과거에 했던 것처럼 자기 멋대로의, 즉 자신과 관계가 있는 것만 강조하는 태도는 금후의 남방문제와 그 정책에서는 각별히 서로 경계하지 않으면 안 되는 바이다.

즉, 이들 제문제는 모두 전체를 구성하는 일부분으로서 연계작용을 가지고 있는 것인데, 예를 들면 저 밤하늘에 아름답게 빛나는 별 무리처럼 서로의 인력작용에 의해 그 안정이 유지되고 있는 것이다.

만약, 한쪽의 정책만을 강조하여 다른 한쪽을 너무 경시한다면, 그곳에서 파탄을 보는 것은 필연이다. 그러나 사물에는 가장 중요한 점이 있듯이 특별히 중요한 중점이 있을 것이다.

이 중점만은 벗어나서는 안 된다.

내가 보는 다음과 같은 문제가 내가 생각하는 중점에 해당한다.

그리고 이들 문제를 고찰하는 핵심도 과거에 있었던 표면적 형식이라든가 사물의 사고방식을 버리고, 우선 남방민족(인도네시안)에게 따뜻한 '마음'을 가지고 접촉하는 일이 가장 긴요하다고 절실하게 사유하고 있는 한 사람이다.

'남진론'과 '개척론'의 음미

남으로, 남으로! ……

라는 기세로, 이제는 일본민족의 마음은 이 한 점에 향해 있다.

그리고 '남진론(南進論)' '개척론'으로 문자 그대로 매일 신문잡지들이 들썩대고 있다. 정말로 훌륭한 일이다.

남쪽에 대한 인식, 즉 도남(圖南)[1]의 대지(大志)는 이미 멀리 요시다 쇼인(吉田松陰)[2]도 라이 산요(賴山陽)[3]도 문장으로 시가로 노래하고 있음은 누구나 알고 있는 바이다. 그렇지만 다이쇼(大正), 쇼와(昭和) 시대가 되자 국민들은 극도로 저 긴축정책에 화를 입은 것인지 마치 의기소침하여 오로지 삼원(三猿)주의와 닮은 보지 않고 듣지 않으며 말하지 않는다는 자세로, 그 대다수는 숨이 막 끊어지려 하고 세계의 동향에 등을 돌려 버리고 하는 일 없이 세월을 허비하고 있었던 것이다.

도무지 이제 와서 '남쪽으로의 관심'을 가지다니 오히려 때늦은 원

…………

1   『장자(莊子)』의 '소요유편(逍遙遊篇)'에 유래하는 말인데, 대붕(大鵬)이 날개를 펴고 남명(南冥)으로 날아가려고 한다는 뜻으로 웅대한 일을 계획하고 있음을 비유적으로 이르는 단어이다. 특히 1930년대 후반부터 남양지역에 대한 일본의 웅대한 이상을 말할 때 자주 언급되었다.

2   1830~1859. 에도시대 무사이자 사상가, 교육자. 메이지유신의 이론가이자 정신적 지도자이며 도쿠가와(德川)막부 타도론자로 알려져 있으며 사숙(私塾)인 '쇼카손쥬쿠(松下村塾)'에서 메이지유신 당시 중요한 역할을 수행한 수많은 젊은이들에게 사상적인 영향을 주었다.

3   1781~1832. 에도시대 후기의 역사가이자 사상가. 그가 지은 『일본외사(日本外史)』는 에도막부 말기의 존왕양이(尊王攘夷) 운동에 절대적 영향을 끼쳤다.

망이 없지도 않지만, 그러나 이렇게 하여 국민 일반의 여론이며 인식
이 고양되고 있음은 어쨌든 환희해야 할 현상임에 틀림이 없다.

그런데 나는 벽두부터 억지를 쓸 심산으로 말하는 것은 아니지만,
최근의 수많은 '남진론'이며 '개척론'이 항례에 따라서 거의 조잡한
물건을 마구잡이로 만들어 내는 추상론이 많고, 그것을 읽고 곧바로
살이 되고 피가 되며 혹은 마음의 양식이 되는 소소한 문자며 이론을
좀처럼 본 적이 없음을 솔직히 말하고 싶다.

물론 국방상의 문제로부터 지적되는 오늘날 남쪽의 중대성에 대한
이론이라면 하등 이의는 없지만, 일단 그것이 경제문제, 내지는 문화
문제의 선상에서 논해지면 우선 그것을 구성하는 근본관념이 경박하
고 공허하며 어딘가 논리의 출발점이나 중심점이 이해되지 못하는
것조차 있다.

시험 삼아 그 수많은 평론을 주의해 보면──

그곳에는 반드시 상투적인 하나의 서술과, 서로 비슷한 저용형(猪
勇型)의 자기도취에 빠진 말투로 저회(低徊)하고 있음을 발견할 수
있다.

일례를 들면──

남쪽은 세계의 보고이다.
우리들은 이 보고를 크게 개척하지 않으면 안 된다!
보라! 이 물자자원을!
철은 얼마만큼 있다.
주석은 이렇게 있다.

석유는 얼마만큼 있다.

고무는 세계의 몇 할이 있다. ──

이러한 숫자의 나열이다. 물론 이러한 물자조사는 매우 필요하며, 그것을 국민에게 철저하게 알리는 것도 매우 중요한 일이다.

그러나 여기에서 고려해야 할 사항이 있다. 이들 물자자원은 물론 동아공영권의 범위(라인) 내에 들어가는 것이기는 하지만 요컨대 다른 나라의 것이다. 타인의 것이다.

이들 물자를 가지고 오기 위해서는 그 순서며 방법이 있을 것이다.

즉, 영국과 미국의 저 착취의 손에서 이쪽으로 획득하기 위해서는 당연히 그에 상당하는 구체적인 연구며 준비, 또는 수단이 필요하다.

성질이 급한 사람은 ──

"아니, 영국과 미국만 세게 후려치면 모두 우리 것이야!"라고 한마디로 낙관적으로 결말을 짓지만, 또 이렇게 후려치는 일이 무력적 의미만으로 왕왕 가볍게 생각되어지지만, 여기에 그러한 논자의 오류가 있었던 것이다.

말한 나위도 없이, 제3국의 망념을 때려눕히기 위해서는 때때로 무력도 절대 필요하지만, 남방민족에 대해서는 이른바 동포애며 인방(隣邦) 호조(互助)의 정신을 근간으로 하여 첫째로 임하지 않으면 안 됨은 두말할 필요도 없다.

또한 일면의 낙관론자는 이 제2차 유럽전쟁의 결과 영국이 패배한다면, 일본은 아무 일 하지 않고 팔짱만 끼고 있어도 불쑥 그들 자원이 일본 회중으로 굴러 들어올 듯한, 일견 쾌활한 경기가 좋은 말투로 역설하는 사람도 있다. 이러한 것도 이야기로서는 전혀 이의도 없고, 가능하다면 그렇게 하여 손쉽게 하루빨리 일본으로 자원이 들어와 주었으면 한다. 그렇지만, 그것을 실제 문제로서 생각해 보면 그렇게 간단하게는 엿장수 마음대로는 안 되는 다양한 사정이 있음을 우리들은 알아두지 않으면 안 된다.

첫째로 내 머리에 떠오르는 것이 있다. 그것은 남방이 너무 물자가 풍부하기 때문에, 그들 대지에 사는 민족이 매우 편안한 생활을 하고 있으며, 소위 안일한 생활을 바라고 있다고 하는 점이다.

걸핏하면 일본과 중국과 남양의 생활조건을 이런 정도로 비유하고 있는 사람이 있다.

일본인은 25일 일하고 '5일간'의 휴양을 취할 수 있다. 중국인은 29일 일하고 하루밖에 쉴 여유가 없다. 그런데 남방민족은 5일간 힘을 내어 일하면 25일간 놀며 살 수 있다.

물론 이러한 비교는 엄밀한 것이 아닐지 모르지만, 대체적으로 그 표준에 적중한 재미있는 관점인 것이다. 즉 남방민족은 어느 쪽인가라고 하면 안락하게 생활하는 것을 좋아하는 민중인 만큼, 격렬한 문명의 생존경쟁과 같은 것을 될 수 있는 한 피하고 싶어하는 성질을 일단 이해해 둘 필요가 있다.

이쪽의 입장에서 말하면, 그들의 천연자원을 지금부터 한층 개발하여 동아 전민족에게 그 은혜를 나누어 주고 싶지만, 그들의 입장에서 본다면 섣불리 자신들보다 개척이 뛰어난 더구나 기민한 타국인이 더 이상 들어온다면 곤란하다고 하는 좁은 소견을 상당히 농후하게 가지고 있는 것도 사실이다. 여기에도 상당히 어려운 문제가 있다.

하물며 아직 남방민족의 대다수는 동아공영권의 이념이라든가, 세계신질서의 숭고한 사상이라든가 하는 것을 선명하게 파악하고 있지 못하기 때문에, 최근의 일본인과 같이 성급하게 그들에게 이해시키려고 하거나 마구 '남진론'을 치켜올리면, 결국 그들은 그 표면적인 해석을 해 버리고 일본을 무서운 자, 또는 침략자가 아닐까라고 착각을 해 버릴 위험이 일어난다.

'남진'이라고 하면, 곧바로 침략하는 듯한 소리로 들리는 경우가 있으며, 또한 단순히 그것에 가까운 듯이 생각을 하는 사람이 있을지도 모른다. 그렇지만 일본이 남쪽으로 뻗어가는 것은 그 저의에 침략적 의도가 조금도 없을뿐더러, 완전히 인방(隣邦) 호조(互助)라는 기분의 발로이며 요즘의 말로 표현하자면 도나리구미(隣組)[4] 정신으로 접근하여 서로 돕거나 도움을 받거나 하는, 대승적인 기분의 표출임을 깊이 인식한 선상에서 신중한 표현을 하지 않으면 안 된다.

하물며 앞에서 말한 듯한, 철이 있다, 주석이 있다, 석유가 있다고 하는 것만 반복하고, 더욱이 왠지 갖고 싶어 하는 듯한 어투로 말하는 것은 마치 가난한 사람이 옆집 부호의 창고 안의 품평에 열중하여 지껄이고 있는 듯한 모습과 흡사하여, 매우 치사해 보여 견딜 수 없다.

적어도 일본은 동아의 맹주이다. 예를 들면, 일본이 본가라고 하

....

4　1940년 9월 신체제운동이 즈음하여 전국에 설치된 국민통제조직의 말단 기구. 도쿠가와막부시대인 근세기의 5인조(五人組) 등의 제도를 계승하여 약 10호를 단위로 하여 연대책임제 하에 전시생활의 물질적, 정신적 통제를 지방관청, 부락회 등을 통해 실시하고자 하였다. 정부의 통달, 물자배급, 공채 소화, 근로작업, 방공훈련 등이 이 조직을 통해 실시되었다.

면, 네덜란드령 동인도도 프랑스령 인도차이나[5]도 남양도 귀여운 세든 사람과 같은 것이며, 이 본가에 해당하는 일본인이 무턱대고 눈을 희번덕거리며 혀 짧은 어투로 더구나 추상적인 표현으로 '남진이다!' '개척이다!'라고 야단법석하는 것은 아무리 생각해도 사려가 깊지 못하고 진부함 이하의 논설로서 밖에 받아들일 수 없는 느낌이 든다.

물론, 나와 같은 천학인 자가 그러한 사람들을 엄하게 꾸짖을 수도 없고 또한 그러한 분수도 갖고 있지 않지만, 대체 그러한 사람들은 남쪽의 물자자원이 전부 일본인에게 들어왔다고 한다면 그 전체 양이 일본이 소화하기에 충분하지 않는 것인지, 충분히 충족하고 더구나 남는 것인지 엄밀하게 계산한 적이 있는가? 진지하게 생각한 적이 있는지 첫째로 묻고 싶어진다.

남방의 물자가 만약에 전부 고스란히 그대로 일본에 수입되었다고 한다면, 부족하기는커녕 처치 곤란할 정도로 남아돌아간다.

그러하기 때문에 결국 그것들 원료 물자를 가공하여 상품으로 만들어, 또한 남방민족에 되돌려 주면 좋은 것이다.

그런데 현재 일본은 뭐라고 하더라도 성전(聖戰) 완수를 위해 혹은 장래를 위해 국방 군수 자재의 확충과 생산강화를 필요로 하므로, 공업도 경제도 상업도 모두 이 일선에 협력 평행하여 나아가지 않으면 안 된다.

....

5　1887년에서 1954년에 이르기까지 라오스, 캄보디아, 베트남 등 인도차이자반도 동부 지역에 설치된 프랑스령과 프랑스 보호령으로 구성된 연방조직의 총칭이다. 일본에서는 이를 '불인(佛印)'이라는 명칭으로 불렀다.

따라서 평화산업이며 공업이며 상업은 현재 어떻게 해서라도 종속적으로 하지 않으면 안 되는 이상, 현재로는 평화산업을 부차적으로 하는 것 외는 방법이 없다.

따라서 가령 오늘날 곧바로 그것들에 적합한 물자며 재료를 가지고 들어와서도 좀처럼 손이 미치지 못할 정도의 상태이다.

물론, 평화산업이나 상업을 경시해서는 절대로 안 되지만, 만약 군수공업이든 이에 비견하는 제조품과 평행하게 가려고 할 때에는 이에 응당하여 확장해야 할 준비든 방법이 당연히 필요해지는 것이다.

이것도 이른바 벼락치기로는 안 된다.

거듭 준비가 필요하다. 그리고 보면 남방의 자원이 들어오면 국가적으로도 역시 그만큼 공장설비 또는 상품가치를 정해 남방방면 전문의 시장과 같은 것의 설치가 화급하게 필요해질 것이다.

이것이 가능하다면 진정한 관민일체(官民一體)의 공동 작업이 바람직스럽다.

지금까지 관민일체라든가 관민일치라든가 빈번하게 말하고는 있지만, 어느 쪽에 잘못이 있는지는 말하지 않지만 걸핏하면 관민 반대이며 관민 이반으로 곤란한 경향이 많았다. 그렇기 때문에 이제부터는 문자 그대로 서로 속을 털어놓고 서로 이상한 감정으로 달리지 않고 완전히 일심동체가 된 위에서——

"어떻게 하면 남방민족이 기뻐하는 상품을 만들 수 있을까?"라고 하는 것을, 새로운 제1보로 내딛는 마음가짐이 무엇보다 중요하다고 생각한다. 이를 위해서는 관민 공동의 '남방상품연구회'와 같은 것을 기탄없이 개최할 필요가 있다.

이렇게 생각해 보면 물자가 들어왔다고 하더라도, 진력하지 않으면 안 된다는 점은 명백하다. 더구나 이들 물자를 가져오기 위해서는 첫째로 선박의 필요를 느낀다.

선박이 많이 필요해지면 조선(造船) 재료를 우선 그곳에서 가지고 오지 않으면 안 된다. 혹은 그 결과 석유도 필요해질 것이다.

결국, 개척이라든가 개발이라든가 소란을 피우기 전에 그들 물자를 옮겨 올 수단조차도 보통 노력으로는 불가능하다. 하물며 영국과 미국이라고 하는 방해를 하는 제3국이 있는 이상, 남방민족이 이쪽으로 수출하려고 하더라도 좀처럼 뜻대로 되지 않는 것이 당연하기 때문에, 손바닥 안에 있는 것을 집어내듯이 입으로는 간단히 말할 수 있지만, 그 실제 문제를 잘 생각해 보면 일본에 가지고 오는 것만으로도 충분히 과할 정도의 일이 국민들에게 부과되어 있지 않은가?

그것을 1단 뛰기는커녕 3단 뛰기나 5단 뛰기를 하는 듯이 공허하고 추상적인 '남진론'과 '개척론'은 아무리 생각해 보아도 찬성하기 어려운 것이다. 그보다도 현재, 일본에 있는 남방방면에 관계를 가지고 있는 사업회사에 정부도 국민도 거림낌없이 원조와 협력을 해 주는 것도 현명한 지름길의 방책이 아닐까라고 생각한다.

물론, 때때로 개인의 새로운 공상도 나쁘지 않다. 올바른 이상이라면 더욱 좋다. ──

그러나 현재 일본의 남방문제는 이제 공상론적인 것이나 임기응변식의 탁상 플랜으로 적당히 해서 그 자리를 넘기고 있을 시기는 아니다. 보다 현실적인 방법과 수단이 하루라도 빨리 필요한 시기이다.

극단적으로 말하면, '남방 진출'이라든가 개척이 중요하다는 점은, 일언반구 말하지 않아도 좋을 정도로 모든 의미에서 인식하여 이른바 그 실제 운동에 착수할 방법을 생각하는 것이 중요하다.

이에 대해 남방으로 이민하는 것도 크게 필요는 하지만 앞에서 기술하였듯이 이 이민은 상당히 신중한 태도와 이민해야 할 인품에 대해 당사자는 주의하지 않으면, 도리어 남방민족으로부터 배척당할 결과가 일어날 것이다.

즉 남방민족의 인정, 습관, 풍속, 조금 심각하게 생각하면 그들의 '종교문제'까지도 머릿속에 넣어두지 않으면 —— 한마디로 말한다면 '남방사정'을 알지 못하고 이민이라도 하려고 한다면 당치도 않은 경우가 되어 버린다.

이렇게 간단하게 생각해 보아도, 이 일반적인 '남진론'은 '남진 구체안'이라든가 실용적 가치가 있는 '남방정책론'으로까지 발전시키지 않으면 안 된다.

'개척론'은 지금 세상에서 말하는 듯한 의미와 정도로는 도무지 핵심도 파악되지 않으며 확 와닿지도 않는다.

오히려 남방민족을 근본적으로 운용 지도해 준다. 즉 그들이 이른바 직장을 침범하지 않고 그 개발을 조력해 주는 쪽이 당면한 생각으로서는 타당해 보인다.

그렇게 되면 그 '개척론'의 근본관념에는 '개척조력론'이라든가 '개척조성안'이라든가 하는 실제적 연구가 필요해질 것이다.

이를 위해서는 현지에서 실지 경험을 한 사람들의 올바른 체험을 기초로 하지 않으면 안 된다. 물론, 현지에서 실제 체험이 있는 사람이라도 요는 남방민족에 대해서 올바른 이념으로 파악하고 있는 사람의 말이지 않으면 안 된다. 이른바 타관에서 벌이를 하는 근성을 가진 사람들의 비뚤어진 이야기 등을 신용해서는 안 된다는 점은 두말할 필요도 없다.

원숭이와 게의 싸움(猿蟹合戰)[6]의 이야기 중 한 구절은 아니지만, 지금 한 줌의 주먹밥도 맛있지만 8년을 기다려 커다란 감 열매를 즐겁게 먹는 인내와 노력이 필요하다는 점을 깨우쳐야 하는 것은 아닐까?

더욱이 비유한다면 영국 따위가 남방민족에게 한 처사는 흡사 탐욕스러운 원숭이의 수법이다. 일본도 도의적으로 해 가는 도상에서 때때로 떫은 감에 맞는 듯이 호되게 당할지도 모르지만, 마지막에는 훌륭하게 승리의 열매를 획득함에 틀림이 없다. 그렇기 때문에 어쨌든 성급하고 멍청하게, 그리고 단순하게 '남방'을 보아서는 안 되는 것이다.

각각 개인에게는 담당 영역이 있고 전문이 있기 때문에, 그 숙련되어 있는 방면에서 상술한 사정 위에서 각각의 구체 의견을 충분히 서로 교환하는 일이 중요할 것이다.

모든 의미에서 이때 추상적인 또는 저용형(猪勇型)의 남진 개척론이 이제 퇴장할 시기가 되었음을 통절히 느끼는 바이다.

----

6   일본 민화의 하나로 교활한 원숭이에게 속아 죽은 게의 후손이 이를 복수한다는 이야기.

남양무역의 실상

그러면 상술한 남양에 상품을 보내고 남방민족의 마음에 들게 만들기 위해서는 남방민족의 취미라든가 색채라든가에 우선 유의하지 않으면 안 된다.

그러한 의미에서 재래의 일본상인들이 남방에 하였던 상업도덕이라는 것은 극히 날림이었으며 성의가 없고 게다가 태만한 것은 사실이다.

이에 대해서 어려운 이론은 피하고 극히 현지의 체험자 중 한 사람이었던, 자바(Java) 지요다(千代田) 백화점 주인인 다이신양행(大信洋行) 사장 오카노 시게조(岡野繁藏)[7]의 이야기가 요즘의 사정을 적절하게 말하고 있으므로 오카노 씨의 이야기를 다음에 인용하도록 하겠다.

"나는 네덜란드령 동인도 자바에 오고 나서 약 25년, 일본에 왕복한 지 최근 3, 4년이지만, 오늘날 남양에 수출되고 있는 일본상품이 어떤 식인지라고 하는 점을 참고가 되도록 이야기해 보고 싶다고 생각한다.

....

7 1894~1975. 다이쇼(大正)기에서 쇼와(昭和)기의 실업가이자 정치가로서 '남양의 무역왕'이라 일컬어졌다. 1914년에 수마트라의 잡화상 도요하라 다쓰쿠마(豊原辰熊)로부터 청년의 소개 의뢰를 듣고 같은 해 동양(東洋)무역에 입사하였다. 이 회사의 바타비아 지배인을 거쳐, 1919년에 독립하여 수라바야(Surabaya)에 다이신양행을 설립하고 1922년에는 수마트라에 지점을 열었다. 한편, 1933년에는 지요다백화점을 수라바야, 반둥(Bandung)에 개설하고 바타비아, 욕야카르타(Yogyakarta) 등에도 오픈하였다. 그러나 태평양전쟁 발발로 사업을 포기하고 도쿄로 돌아와 1947년 중의원(衆議院) 의원에 당선되었다.

알고 계시는 것처럼 일본무역이 세계를 향해 진군을 시작한 것은 1915년 무렵부터이며 내가 네덜란드령 동인도에 온 것도 그 무렵이다.

당시, 저쪽에서 거래되고 있었던 일본상품이라고 하면, '기후(岐阜) 특산 초롱', '우산', '슬리퍼', '짚신' 등의 종류이며 일본이라고 하면 '후지산', 일본상품이라고 하면 '기후 특산 초롱'이라는 유치한 상태였다.

그런데 세계대전의 결과, 유럽에서 물자가 오지 않기 때문에 종래 독일의 호시장이었던 네덜란드령 동인도로 독일 상품을 보내는 것은 불가능하였다. 독일을 대신하여 그곳에 나타난 것이 일본이었다.

이때부터 일본의 무역은 천정부지로 치솟았고 대전 중 상당한 호황을 지속할 수 있었는데 1919년에 이르러 평화의 회복과 더불어 그렇게도 번성하였던 일본무역도 매우 빠른 속도로 쇠퇴하려고 하였다. ──

그 원인은 무엇 때문인가라고 하건대, 일본상품의 '조제남조(粗製濫造)'였다.

실로 그 조제남조는 언어로 표현할 길이 없는데, 와이셔츠에는 단추는 붙어 있으나 가슴 부분이 열리지 않는다.

연필을 사면 심이 없다. 일본 상품이라고 하면 조제남조의 대명사마저 된 정도였다. 다시 평화가 돌아옴과 더불어 유럽에 전쟁 전부터 있었던 재고품이 한꺼번에 네덜란드령 동인도에 우르르 흘러 들어왔다.

이것은 큰일이었기 때문에 일본 측도 비로소 수출진흥에 진지한 노력을 하였던 것이다. 그러한 보람이 있어서 1925년 무렵부터 재차 상승하기 시작하였지만, 불행하게도 1927년 이후 공황에 조우하여 재차 일본무역은 쇠퇴하고 1925년 무렵에 일본은 불경기의 구렁텅이에 빠져서 연필 한 자루라도 해외에 팔아 돈을 모으지 않으면 안 되었기 때문에 근검 노력하였던 것이다.

당시 나는 일본으로 돌아와 수출진흥을 위해 백 수십 회에 이르는 강연을 열고, 수출상품의 제조가들과 친히 무릎을 맞대고 의견을 말하고, 또는 공장을 방문하여 실지 지도를 가진 적이 있다.

때때로 정부 관리로부터 불량이라고 간주되어 낙담 끝에 하마터면 제조를 중지하려고 한 어떤 도기 제조자에게 권하여, 이 제품은 미국용으로는 불량이지만 네덜란드령 동인도라면 괜찮다고 말하고 그 제품의 수출을 떠맡은 적도 있었다.

이런저런 중에 1931년 말, 일본의 금수출 금지와 더불어, 엔(円) 가격이 폭락하고, 재차 일본상품은 세계시장에 홍수처럼 흘러들게 되었다. 나는 1919년 당시 일본상품이 필요 이상으로 염가이니, 3엔 정도 더 올려도 팔리므로 수출세로 염가 방지를 하면 어떨지라고 말씀드린 일마저 있었던 정도이다.

그런데 1934년 무렵부터 일인(日印)상회, 일난(日蘭)상회 등이라고 이른바 상회가 유행하여, 세계는 일본상품에 대해 '고관세', '수입제한' 등에 의해 그 유입을 막기 시작하였다.

1936년에 일본은 네덜란드령 동인도 수입총액의 27%를 점하고 있었다. 그런데 1937년에는 24.7%로 하락하였다. 더욱이 1938년의 상반기는 1937년 상반기와 비교해 수입 총액의 28%에서 13% 저락하였다. 정말로 그 저락은 가공할 것이라고 나는 생각하고 있다. 네덜란드령 동인도로 향하는 일본 수출, 주로 나는 자신이 취급하는 잡화에 대해 말하는 것인데 이 가공할 후퇴는 어떠한 원인에 의해 생겨난 것인가? 나는 다음에 하나하나 실례를 취해 자신이 실제 견문한 것을 열거해 보고자 한다.

첫째로 생각할 수 있는 것은, '내지(內地)' 제조업자의 '태만'이다. 내가 거래하고 있는 상당히 커다란 어느 회사의 제품이 도무지 개량, 진보하지 않는다. 몇 번이나 편지를 보내 부탁해도 이쪽에서 말하는 것을 들어주지 않는다. 나는 마침내 참을 수 없어서 '내지'로 돌아오자 곧 그 회사 사장을 면회하여 방문해 보았다. 그러자 그 사장이 말하기를 '이제 돈도 어지간히 벌었기 때문에 이제 슬슬 은거하고 싶다고 생각하고 있을 정도라 그렇게 노력할 기분은 들지 않는다.'고 말하였다. 나는 실로 화가 났다. 나는 당신들이 그러한 생각을 가진 사람이라고는 생각하지 않았지만, 그렇게까지 노력심이 없는 회사라면 이후 거래는 거절한다. 그렇게 말하며 엉겁결에 목소리를 내었더니, 그 사람도 깜짝 놀라 엎드리어 고개를 숙여 사죄하고 부디 공장에 와서 여러 가지 지도를 부탁하고 싶다고 한다. 그리고 나를 위해 융성한 연회를 열어 주었는데 나는 술을 마시면서 상담(商談)하는 것은 아주 싫어하기 때문에 모처럼의 호의이기는 하였지만 밥만 얻어먹고 실례한 적이 있다.

'내지'의 공업가만 나쁘다고 생각하면 그렇지도 않다. 오사카(大阪) 근처의 출장원이 저쪽의 내 가게 등에 주문을 하러 온다. 주문하는 일이 끝난 후, 무엇을 하고 있는가라고 하면 호텔에서 풍류를 즐기고 도박으로 놀고 있다.

이러한 장사를 하는 사람들의 상품이 훌륭할 리가 없다. 나는 이제부터 일본상품이 얼마나 조잡한지를 하나하나 예를 들어 이야기하고 싶다.

빵가루를 개는 롤러가 있다. 독일 상품은 75전, 일본 상품은 48전, 가격만으로는 일본 상품이 당당히 압도하겠지만 48전인 일본 상품이 팔리지 않는다. 왜냐하면 일본 상품은 회전이 나쁘고 재료인 나무에 고약한 냄새가 난다. 갠 빵가루에 고약한 냄새가 나는 롤러는 아무리 싸도 팔릴 리가 없다.

고기 다지기는 일본 상품이 30전, 독일 상품이 60전, 그런데 일본제 고기 다지기는 이가 너무 가늘어 고기를 잘 다질 수 없다. 독일제는 이가 크기 때문에 잘 다질 수 있다. 다질 수 없는 고기 다지기는 아무도 사려는 사람이 없다.

양말도 그러하다. 순견(純絹)인 일본 상품과 독일제의 인견(人絹)이 경쟁한다. 일본 상품은 1엔 50전, 독일 상품은 1엔, 어느 일본 관리는 순견이기 때문에 1엔 50전이 당연하다고 하지만 신어보면 인견 쪽이 물건이 좋다. 양말이라고 하는 것은 코가 신축자재하고 편수(編數)가 많은 것이 좋다고 여겨진다. 독일은 인견을 순견보다 가늘게 꼬는 기계를 가지고 있어서 편수도 많다. 더구나 무광택 처리까지 되어 있다. 신어서 기분이 좋고 가격이 싸며 내구력이 있다. 이러면 아무리 순견, 순견이라고 뽐내더라도 팔리지 않는다. 물품에 염가도 필요하지만 상품 자체가 좋지 않으면 팔 수가 없다. 이 점에 대해 일본의 연구가 아무래도 부족한 듯하다.

법랑기도 체코 제품은 에나멜이 평평하게 칠해져 있다. 일본 제품은 울퉁불퉁하고 여기저기 벗겨져 있다. 게다가 완전하게 구멍도 열리지 않는다. 이것으로는 밥을 넣는데 형편이 나쁘다.

안전 면도의 경우에도 독일제는 면도할 때 칼날이 움직이지 않도록 양쪽에 장치를 해 두고 있지만 일본 제품은 움찔움찔 울리고 칼날

사이가 열려 있어서 움직인다. 손수건도 마찬가지여서 독일 것은 한 장 한 장 오버로크 재봉의 실이 다르지만 일본 것은 어느 것이든 모두 같다. 작은 일이지만 머리를 쓰는 방식에 현격한 차이가 있다.

넥타이도 일본 것은 가격이 싸고 물품도 좋다고 하는 평판이었지만, 사용해 보면 항상 쭉 매는 곳이 금세 주름이 생겨 버리고 좀처럼 회복되지 않는다. 그런데 영국의 토털 상품은 안에 든 심이 야무지기 때문에 그런 일은 없다. 더구나 가격은 일본제 1엔 25전, 토털 85전, 이래서는 일본 상품을 사는 자는 더없이 어리석은 자가 된다.

빗의 경우는 일본인의 머리카락은 단단하기 때문에 이가 조잡해도 좋지만, 외국인의 모발은 부드럽기 때문에 상당히 정세(精細)하지 않으면 빠져 버린다. 그러한 점도 일본 제품은 그 시장의 지방적 특징에 대한 연구가 충분하지 않은 듯하다.

이와 같은 예를 들면, 끝이 없을 정도로 예가 많은데 일본의 업자들은 이 점을 크게 연구할 필요가 있는 것은 아닐까라고 생각한다.

게다가 근래에는 네덜란드령 동인도에서도 경공업이 조금씩 생겨나고 있어서, 접시, 항아리, 우산, 양말, 모자, 칫솔, 가방도 만들 수 있게 되었다. 셔츠 등도 염료 관계로 일본 제품보다 색이 벗겨지는 정도가 적다. 고무화도 45전으로 살 수 있다. 타월 등도 모양 매듭 등이 충분히 진척되어 있고 일본 제품은 양질에다 염가라고 자랑하고 있을 수 없게 되었다.

이상 말씀드린 점을 간추려 말하면 무역업자의 노력 연구, 상품의 우량과 염가라고 하는 것이 무역을 진흥하는 데 매우 중요하다고 하는 점이다.

이 우량, 염가의 무역 상품이 만들어졌다고 하면, 다음에 이 상품을 위한 시장을 획득하기 위해서는 금융업자, 즉 은행의 노력, 해운 업자의 공부가 무슨 일이 있어도 중요하다고 나는 생각한다.

원래, 선박회사라고 하는 것은 하나의 시장에 항로를 연다고 하더라도 수지가 맞지 않으면 좀처럼 해 주지 않는다. 이것은 영업의 명분상 지당한 일이기는 하지만, 조금 더 크게 생각하여 우리의 무역진흥을 위한 봉사로서, 처음에는 수지가 맞지 않아도 해 보았으면 한다.

의외로 수지가 맞지 않는다고 생각한 항로, 기항도 해 보면 선박회사 자신도 이익을 올리고, 우리나라 무역에도 다대한 공헌을 준 예가 현재도 있다.

수마트라의 팔렘방(Palembang)이라는 항구는 내가 10년 전에 갔을 때에는 특별한 것은 없었다. 그렇지만 재작년에 가 보았더니 재류 방인들의 장사가 실로 놀라울 정도로 발전해 있었기 때문에 아주 의외의 기쁨을 느꼈던 것이다.

이것은 남양해운이 당시 변두리였던 이 항구에 기항해 주었던 결과, 갑자기 발전한 것으로 완전히 선박회사의 덕분이라고 할 수 있다.

남양해운의 야스이(安井)이라는 선장이 조사를 하였는데 그 결과가 아무래도 수지가 맞지 않는다고 하므로 매우 망설이며 나에게 상담한 적이 있었다. 나는 수지가 맞지 않더라도 일본무역 진전을 위해 노력해 보면 어떨까라고 말씀드린 적이 있었다.

야스이 씨도 보조금을 받고 있는 회사로서 이것은 당연히 하지 않으면 안 되기 때문에 회사의 중역에게 건의하여 막상 기항해 보았더니 의외로 지금까지 생각하지 않았던 화물이 나와서, 오늘날에는 남양 해운 항로 중 가장 돈을 버는 항로가 되었다는 이상한 결과가 나타났다.

선박회사는 물론, 회사의 이익도 중요하지만, 일본무역의 선구자로서 방인의 장사를 번영시키기 위해서는 수지를 무시하고 일을 할 정도의 배짱을 가지고 있지 않으면 안 된다고 나는 생각하고 있다.

은행도 마찬가지인데 오늘날 대만은행이 상당한 희생을 하여 충실하게 방인 발전을 위해 노력하고 있는데, '외지(外地)'의 방인 은행은 자기 하나의 이해만을 생각하지 말고 커다란 일본의 무역 번영 조장이라는 목적을 위해 노력해 주었으면 한다고 생각한다.

그리고 마지막으로 최근 일본에 돌아와 보고, 매우 중대한 시국에 있는 일본의 입장을 생각하지 않고 되는대로 취한(醉漢)이 거리에 넘쳐나 있거나 하는데, 이것은 대국의 여유를 나타내는 것인지 모르지만, 해외에서 피투성이가 되어 배일(排日) 세력과 싸우고 있는 우리들의 눈에는 기이한, 그리고 쓸쓸한 감개가 든다."라고 부언하였다.

이들 이야기는 담담하게 말하고 있지만 과연 오랫동안 해외에서 스스로 피투성이로 분투한 사람의 이야기인 만큼 남방에서 그동안의 사정이며, 그에 대한 심려 등을 잘 파악하고 있는 지극히 마땅한 말이라고 생각한다.

이 오카노 시게조 씨도 말하고 있듯이, 수많은 일본상인들이 아직도 진정한 남방정책에 대한 국가적 관념을 가지지 않고 이른바 노점상인인 듯한 무책임한 기분으로 장사를 하려고 하는 것이 보이는데 이것은 정말로 유감스러운 일이라고 하지 않을 수 없다.

특히 지금의 일본은 동아민족의 형이 되어, 지도적 입장에 서지 않으면 안 되는 위대한 입장과, 숭고한 이상을 가지지 않으면 안 되는 시기인 이상, 이러한 사려 분별이 없는 수법을 가령 아주 적은 수의 사람이 했다고 하더라도 그것은 곧바로 일본 전체의 폐가 되고 나쁜 영향을 받게 되므로, 각자가 진지하게 생각하지 않으면 곤란한 일이다.

일본 상인의 과거를 나는 새삼스럽게 문책하는 것은 아니지만, 적어도 '내일의 일본 상인'은 이러한 필법만은 반드시 되풀이하지 않았으면 한다고 마음으로부터 갈망하는 사람이다.

나도 상술했듯이, 남방으로 발전하려고 한다면, 첫째 남방민족의 취미며, 기호(嗜好)하는 상품에 대해 한층 더 연구를 할 필요가 있다.

'기후 특산 초롱'만을 언제까지나 만지작거리고 있어도 시작되지 않는다. 그것을 대신할 새로운 상품을 고안하여 팔 수 있는 방법은 얼마든지 있는 법이다.

별항에서 기술할 심산이었지만, 그들의 복장이나 일상용품 중에서 상당히 고려해야 할 제품이 얼마든 있다고 생각된다.

이를 위해서는 첫째 그들의 풍속과 습관의 재검토가 긴급하다. 게다가 장사를 잘하는 남양 화교의 의견을 충분히 참고하는 것도 현명한 일책이라고 하지 않으면 안 될 것이다.

남양화교에 대해서는 다음에 서술해 보겠지만, 뭐라고 하더라도 일본상공업자가 이 남양화교의 존재를 잊고 있다면 또는 경시하고 있었다고 한다면, 결코 성공하지 못할 것이라는 점만은 모든 관점에서 단언할 수 있다.

다음에 내가 항상 말하는 점이지만 우리의 남방발전을 위해서는 선박회사가 야무지지 않으면, 100가지 이론도 결국 종이 플랜일 수밖에 없다. 남방에서 물자를 옮기기 위해서도 수출하기 위해서도 배가 없이 무엇이 되겠는가.

중국인에게 예의 '남선북마(南船北馬)'라는 말이 있지만, 이것은 중국에만 들어맞는 말은 아니다. 현재의 일본에 딱 사용할 수 있는 말이 아니겠는가.

남양화교를 중시하라

오늘날 남방문제를 생각해 볼 때, 나는 항상 300여 년 전, 즉 1636년의 저 도쿠가와(德川)막부의 쇄국령을 상기하지 않을 수 없다. 이것에 의해 우리나라의 해외 발전은 어쨌든 중절된 것인데, 오늘날의 남진정책과 비교해 생각해 보면 돌아갈 수 없는 왕시의 일이라고 하지만 실로 유감스러운 짓을 했다고 누구나 느낄 것이다.

1606년 히데요시(秀吉)의 조선 정벌 당시에 포르투갈, 스페인, 네덜란드, 영국이 남양을 둘러싸고, 그 쟁탈전에 뒤죽박죽 뒤섞여 싸웠지만, 네덜란드의 코르넬리스 마테리에프(Cornelis Matelief de Jonge)[8]가 이끄는 함대로 인해 말라카(Malacca)의 포르투갈 식민지가 패배 위기에 몰린 적이 있다. 그런데 이때 암본(Ambon)에 재류한 일본인은

....

8 1596~1632. 네덜란드의 해군으로 동양 원정 함대의 사령관을 역임하였다. 일찍이 아프리카 원정 함대에 참가하였고, 동인도회사의 설립에 참여하여 중역을 지냈다. 1606년에 동인도회사가 편성한 동양 원정 함대의 총사령관에 임명되어 말라카의 포르투갈을 공격했으나 성공하지 못하였다. 이어서 몰루카 제도로 항해하여 테르나테(Ternate)섬을 근거로 하여 이 지역을 공략하고자 하였다. 1608년에 귀국하여 국회의장과 로테르담 시장을 역임하였으며, 『원정 항해기』를 출간하였다.

포르투갈을 원조하여 방전(防戰)에 힘써 마침내 이들을 격퇴한 기록이 있다.

또는 1609년에 영국 함대가 바타비아(Batavia)의 네덜란드인 식민지를 포격했을 때에도 일본인은 용감하게 이들을 도와 영국을 격파하였다.

1603년 필리핀의 중국인 사회와 스페인 총독 사이에 분란이 일어났을 때에도 역시 일본인의 분전에 의해 그 소동이 진압되었다. 더구나 이들 일본인은 극히 소인수로 대적을 잘 격파하여 일본인의 무위(武威)를 유감없이 발휘하였다.

당시로서는 매우 원격의 땅이었던 이 이국 천지에서 우리 선조 민족은 소인수였지만 이른바 만장의 기염을 토하였던 것이다.

도요토미 히데요시 등은 1590년 마닐라에 왕래하여 사정에 밝았던 하라다 마고시치로(原田孫七郞)[9]를 특사로서 내공(來貢)하라고 엄연하게 촉구하였다. 그리고 결국 필리핀은 선교사 후안 코보(Juan Cobo)[10]를 사자로 하여 히데요시를 알현하고 책과 특산물을 헌상하였다.

그러나 히데요시가 그 웅대한 의도를 현실로서 성취하기 전에 갑

----

9 16세기 후반의 상인으로 나가사키(長崎)에서 무역을 운영하는 하라다 기에몬(原田喜右衛門)의 부하였는데 해외 정세에 밝았기 때문에 1591년 도요토미 히데요시(豊臣秀吉)의 사자로 스페인령 필리핀에 일본국에 대한 조공을 요구하는 문서를 가지고 마닐라에 가기도 하고 1593년에는 타이완에도 조공을 요구하는 히데요시의 문서를 가지고 도항하기도 하였다.
10 스페인의 수도사로서 중국학자이다. 필리핀 중국인 거주지에서 선교활동을 하던 중, 1592년 도요토미 히데요시에 대한 사절로서 일본을 방문하였으나 돌아가는 도중에 배가 조난하여 타이완에 표착하여 원주민에게 살해당하였다.

작스러운 죽음으로 허무하게 세상을 떠나 버렸기 때문에 마침내 그의 남방 웅비도 일장춘몽에 지나지 않았다. 그렇지만 그 늠름한 기상은 조선정벌과 마찬가지로 우리들로 하여금 매우 유쾌하게 만드는 역사의 한 장이다.

대체로—— 일본과 남양의 교역은 남북조시대부터 시작되었다고 일컬어지며, 남북조시대의 기록에도 역력히 남아 있다. 이보다도 쭉 내려와 도요토미 히데요시 시대를 보아도 기독교 포교는 금지하였지만, 각별히 남방 방면과의 해외 무역을 위해서는 예의 '주인선(朱印船)'[11]이라는 편법을 가지고 그 당시 상인의 발전을 장려하였던 것이다. 그뿐만 아니라 남방을 확보하기 위해서 그 역사적 변천도 상당히 오래되었다고 하지 않으면 안 된다.

한편, 중국의 해외이주와 해외웅비는 역시 오래되어, 한나라 시대 (2000년 전)라고 일컬어진다. 원나라 세조(世祖) 때, 일본침략을 기도하여 뜻을 이루지 못하고, 다른 한편으로 1292년 2만의 대병을 하노이에 보냈는데 이 일부가 하노이에 남아 이들이 오늘날 말하는 화교의 원조라고 일컬어진다.

이 외에 상당히 오래된 시대부터 왕래가 있었다고 일컬어지지만, 뭐라고 해도 누구나 말하는 '화교역사 500년설'이 가장 무난하며 그

....

11 에도시대 초기의 일본에서 동남아시아와의 무역에 종사한 상선을 가리킨다. 주인선은 주인(朱印)을 찍어 발급된 전국시대 및 에도시대의 무가(武家)의 문서인 주인장을 휴대하였기 때문에 이러한 이름이 붙여졌다. 그 시기에 대해서는 여러 가지 설이 있지만 1601년부터 쇄국으로 금지령이 내려진 1635년까지 무역이 이루어졌으며, 주로 다이묘 (大名)나 외국인, 대상인이 선주가 되었으며 베트남, 태국, 캄보디아, 필리핀 등을 도항지로 하여 주인장이 발급되었다.

역사적 사실도 선명하기 때문에 그 설에 따라서 생각해 보지만, 그래도 우리나라가 1636년에 쇄국령으로 해외와의 교역이 두절한 것과 비교해 보면 역시 오늘날 남양 화교의 존재와 그 세력이 뿌리 깊다는 사실은 당연히 잘 양해되는 바이다.

남양 화교의 출신지의 대다수는 복건성(福建省), 광동성(廣東省)인데 복건성 사람들의 성질은 중국에서도 드물게 보는 견인불발(堅忍不拔)의 극기심이 강하고 그런데도 온화하고 타인을 대하는 방식이 부드럽기 때문에 상인으로서 성공한 자가 많은 것이다. 한편, 광동성 사람들은 성질이 기민하고 투쟁심이 왕성하며 더구나 애국심이 강하고 따라서 지도자로서 성공하는 자가 많다. 그렇기 때문에 배일(排日) 운동의 전위자로서도 광동성 출신자가 많은 것은 누구나 아는 사실일 것이다.

다음으로는 조주인(潮州人), 뒤이어 객가인(客家人, 학카인), 해남인(海南人)이고, 이들 남해 화교는 중일전쟁 전 이미 780만 명이라는 놀라운 숫자를 보이고 있다.

그리고 이에 대한 일본의 외남양(外南洋)[12]에서의 숫자(1938년 10월 1일 현재)는 겨우 4만 464명이라고 한다. 최근에 상당히 남양에서 증가를 보여, 약 2배 정도 된 듯하지만, 10만 명에는 이르지 않은 것 같다.

....

12 일본에서는 남방의 열대해역을 일반적으로 남양이라고 총칭하였는데, 제1차 세계대전 이후 국제연맹으로부터 통치를 위임받은 구 독일령의 마리아나(Mariana)제도, 캐롤라인(Caroline)제도, 마샬(Marshall)제도를 남양제도라고 칭하고 이 해역을 가리켜 남양이라고 부르는 경우가 많았다. 한편, 필리핀, 술라웨시(Sulawesi), 보르네오, 자바, 수마트라에 걸친 지역을 외남양(外南洋)이라고 불렀으며 이와 구별하여 남양제도를 중심으로 하는 위임통치령 지역을 내남양(內南洋)이라고 지칭하였다.

이 7, 8만 명의 반 가까운 자는 그 가족이며, 그 대표적 직업이라고 하면 '농림업', '상업'이고, 상업도 다수는 '소매잡화상'의 미미한 것이라고 해도 지장이 없다.

이 일본 상인, 또는 일본의 경제적 빈약과 비교하여 남양화교의 상업적 입장 및 그 투자액은 실로 심대하며 정확한 숫자는 명확하지 않더라도 이미 10년 전 투자액의 관측으로도 40억 엔이 된다고 일컬어진다.

그 후의 발전을 생각해 볼 때, 중일전쟁이 만약에 없었다면, 아마 50억 엔 이상이 될 것이라고 어렵지 않게 생각할 수 있다.

더구나 그 6할 정도가 상업투자라는 점을 고려하면, 남양 화교가 얼마나 경시할 수 없는 존재인지 그 이유를 누구나 양해할 것이다. 우선 일본으로서 태국의 쌀에 대해서는 오늘날 결코 무관심할 수 없는데 그 태국의 미작(米作)은 태국인의 독점사업이라고 여겨지고 있지만, 그 생산한 살의 상품화, 또는 시장화는 실제로 화교에 의해 독점되고 있다.

더욱이 태국 농민들에게 자금 또는 농구(農具)의 대부 등에 의해 화교는 간접적으로 그 지배권 내지 생명을 제어하고 있는 모습이다.

그뿐만 아니라 태국인 소유도 그 임차경영에는 화교가 담당하고 그 노동자도 1만 명 정도가 화교라는 점을 생각할 때, 진실로 놀라지 않을 수 없다. 무역업은 각국의 진출에 의해, 현재 다소 수그러지고 있지만 제2차 유럽전쟁의 결과, 영국, 프랑스의 세력이 재차 쇠약해졌기 때문에 그 세력을 만회한 감이 있다. 단지 현재 화교로서는 상품재고의 결핍이 가장 큰 고민이다.

상업은 전술한 대로 논급할 필요도 없이, 화교가 남방의 포인트인 태국의 상업권을 완전히 파악하고 있어서, 그 지반도 완전히 금성탕지(金城湯池)이며 이를 좌지우지하고 있다. 어느 화교가 경영에 관계하는 광산 산출고는 40% 이상이라고 한다.

또한 고무사업에도 상당한 투자를 하고 있으며, 고무농장의 면적 전체의 2할 가까이가 화교의 소유이며, 노동력도 화교 노동자가 25% 이상을 차지하고 있다. 더구나 고무 가공업에 이르러서는 그 90%까지가 화교가 독점하고 있음을 알고 있다.

이외에 말레이, 프랑스령 인도차이나, 네덜란드령 동인도, 필리핀 등의 화교를 경제적으로 종합해 볼 때, 남양 각지에서 화교의 세력과 그 활동은 모든 직업, 모든 산업분야에 있어서 실로 극진하고 강대한 뿌리 깊은 지반을 가지고 있다.

최근 각국 정부는 오로지 이 화교세력의 압박과 구축으로 부심하고 있지만, 이는 좀처럼 지난한 일이며, 나에게 말하게 한다면 이 정책은 오히려 졸렬한 책략이며 일본으로서는 이러한 각국과 같은 압박 방책을 취하기보다는 스스로 제휴하여 이른바 공존공영이라는 이상 아래 화교 세력을 충분히 활용하는 일이 현명하다고 제언하고 싶다.

생각해 보면, 구미 각국이 이 남양 화교의 압박에 노력하고 있지만, 이것은 일면 일본으로서는 절호의 찬스이며 이러한 시기에 일본의 대동아공영권의 진정한 숭고한 이념을 이해시켜야 할 것이라고 생각한다.

화교의 장래를 일본이 성의를 가지고 지도하고 협력해 주는 태도로 나온다면, 그들도 결코 재래와 같은 일본배척의 폭거로 나오지 않을 것이라고 생각한다. 남양을 고객으로 하는 일본상품과 화교 상인은 아무리 생각해 보아도 상호의존, 상호협력의 운명에 있기 때문에, 이때 일본의 조야, 특히 상업적 입장에 있는 사람들은 남양 화교를 한층 중시하여 이에 대한 제휴대책 방법을 숙고하지 않으면 안 되는 것이다.

이를 위해서는 재주 일본화교협회의 사람들이며 일본의 화교와 간담하여 이 일본의 철저한 진의를 도모하지 않으면 안 된다.

이 방면의 선전도 아직 충분하지 않았음을 통감하고 있는 한 사람이다.

일본의 화교들에게 충분히 중간역학을 하게 하는 것도 눈앞의 급무이다.

얼마 전에도 일본화교협회(日本華僑協會) 이사인 모 씨를 만나, 이 문제를 상의했더니 나와 모 씨의 의견은 완전히 일치하여 서로 오늘날에 있어서 '남양 화교를 중시하자'라는 결론을 맺었다.

남방의 회교도

남방정책의 수많은 대책 중에서도 '회교도'에 대한 문제는 중대하게 생각하지 않으면 안 되는 근본 방책의 하나이다. 전반적으로 앞에서도 조금 서술한 말인데, 누구나 '강행정책'의 의견을 왕왕 말하고 있는 듯하지만 민족문제의 본래로부터 고찰한다면 '강행정책'이라고 하는 것은 특수한 경우를 제외하고 거의 졸렬한 책략이라고 해도 지장이 없다.

예를 들면, 어느 민족이 발전하기 위해서 어느 민족을 희생으로 해도 좋다고 하는 이론은 근본적으로 성립하지 않는다. 더구나 근린 민족에 대해 일방적인 민족의 이익과 번영을 위해 다른 민족을 공략하는 일은 결코 올바른 행위라고 할 수 없다.

그러나 이에 대해 일본인으로서의 입장에서 말하는 것이 아니라, 공평하게 그리고 이론적으로 고찰해 보아 나는 이 때에 즈음하여 이번 중일전쟁은 전술한 의미에서 일본의 강행정책이 절대 아님을 일언해 두고 싶다. 영미 주변에서는 일본의 중국에 대한 태도를 전쟁 당초부터 잘못된 침략주의 강행정책이라고 비난하고 있으며, 또한 일본의 일부 학자 내지 지식계급에서도 이러한 언론에 다소 공명하는 듯한 생각의 소유자도 있는 듯하다. 그렇지만 이것은 민족문제에 대해 하등의 기초적 학구와 역사적 관찰, 그리고 이른바 새로운 장래의 일선 상에 있는 대동아의 민족문제에 대해 깊은 통찰을 하지 않는, 실로 그때뿐인 사고방식에서 출발한 오류임을 우선 지적하고 싶다.

한마디로 말한다면, 일본은 건국 당초부터 오늘날에 이르기까지 일본민족(야마토민족)이 어떠한 경우에도 부정한 의도 아래 민족세력을 확대·부식하려고 하거나 또는 발전하려고 하는 듯한 행동은 결코 범하지 않았다.

즉, 통속적으로 말하면 욕심이 많은 생각을 근본으로 하여 스스로의 민족의 이익을 의도한 적은 일본국가로서 일찍이 한 번도 취하지 않았던 사안이다.

필자의 이러한 말에 반발하기 위해 첫째 저 '왜구(倭寇)'에 대해 운

운하는 사람이 있을지도 모른다. 또는 멀리 거슬러 올라가 황공하옵
게도 신공(神功)황후[13]의 삼한정벌, 시대를 내려와 히데요시의 조선정
벌 등을 열거할지도 모른다. 그러나 이에 대해서는 간단하게 설명할
수 있는 역사적 입증과 근거가 있는 것을 먼저 달갑게 받아들이고,
다음으로 하나하나 명백하게 해답해 보고자 한다.

우선 역사적 시대의 순서부터 신공황후의 삼한정벌에 대해 말해
보겠다.

누구나 알고 있듯이, 당시의 실상을 단적으로 말하면, 고려, 백제,
신라는 처음에는 공물을 우리에게 헌상하고 상당히 우호적인 태도로
우리나라와 접촉하였지만, 배후에 있는 후한(後漢)의 교사에 의해 점
차 일본을 업신여기게 되었을 뿐만 아니라 마침내는 스스로 후한의
전위가 되어 일본국토를 위협하는 자세를 보였던 것이다. 당시의 사
정으로서는 바야흐로 커다란 국난을 맞이한 것이다. 여기서 여성의
몸도 아끼지 않으시고 친히 그 국난 앞에 단호하게 서서 지킨다고
하기보다, 오히려 그 기선을 제압하여 한 발 선수를 취할 수 있도록
정벌이라는 형태를 취하게 되었다. 그런데 누구나 저 시대의 국내
사정을 관찰하면 납득할 수 있지만, 당시의 국내 환경은 그다지 좋지
않아 실로 정치적으로도 다소 국내의 해이해진 기운을 이 일대 장거

---

13 일본 14대 천황 추아이(仲哀)천황의 황후로 추아이천황의 사후부터 오진(應神)천황
즉위까지 약 70년간 군림했다고 여겨지며, 실제로 존재했다면 4세기 후반의 시대였을
것으로 추론되고 있다. 근대 이후 일본에서는 『일본서기(日本書紀)』 등 역사서에 근거
하여 신라를 비롯해 신공황후가 한반도 남부인 '삼한(三韓)'을 정벌하였다는 논리를
통해 이른바 '임나일본부'설을 주장하며 식민지지배의 근거로 삼기도 하였으나 이 설
은 다양한 형태로 반박되기도 하였다.

(壯擧)에 의해 근본에서 혁신하고 더불어 국난의 위기를 미연에 방지한 일석이조, 삼조의 명수이자 대정책이었던 사실을 잘 규지(窺知)할 수 있었다. 정말로 신공황후의 위업과 그것이 미친 올바른 국가적 이익은 간단하게 또한 짧은 지면으로 표현할 수 없다. 유럽의 고대역사에도 이와 언뜻 보아 비슷하나 다른 일이 있지만, 어쨌든 동서 역사를 통해 여성의 몸으로 신공황후 만큼 달견과 위대한 공적은 전혀 없음을 우리들은 깊게 알아두지 않으면 안 된다.

간단하게 말해도 신공황후의 정벌은 조금도 삼한을 침략하려고 한 의도가 아니었음을 엿볼 수 있다.

다음은 도요토미 히데요시의 조선정벌, 내지는 1592년의 공견선(公遣船)임을 증명한 주인선(朱印船) 제도의 창설 자취를 자세하게 관찰하면, 그가 무력밖에 모르는 강행정책 내지 침략주의가 아닌, 올바른 민족이론과 정치경제 관념에 입각한 위정자 중 한 명임을 알아차릴 수 있을 것이다.

특히 히데요시의 선견지명이 있는 대륙정책 및 남방정책에 대해서는 좀 더 자세하게 별항에서 서술할 심산인데, 여기에서는 생략하고 결론만을 말하기로 한다. 요컨대 히데요시의 생각도 결코 외국에 대해서는 물론, 국내정책에서도 단순한 침략주의자가 아니었음은 그가 국내를 평정하는 수단 방법을 보아도 잘 입증되는 바이다. 그는 우선 상대국의 민심을 통찰한 후에 그 민심을 충분히 존중하여 서서히 자신의 정책을 폈던 점을 선명하게 엿볼 수 있지 않은가.

다음에는 '왜구'인데 과연 '왜구'는 중국 연안, 또는 멀리 남양 방면까지 그 맹위를 떨쳤기 때문에 때때로 해적과 같은 행위도 없지는 않았지만, 저 영국의 역사와 비교해 볼 때, 그 행동이며 처사가 훨씬 무사도적이라 영국 해적과 같은 잔학한 행위를 하지 않은 것은 우선 유의하지 않으면 안 된다.

그뿐만 아니라 이해가 있는 상대에 따라서는 그들과 화합하고 무력으로 그들을 지킨 수많은 예증을 발견할 수 있다.

이러한 전통의 흐름을 잇는 자로 저 야마다 나가마사(山田長政)¹⁴와 같은 존재가 있음은 주지의 사실이다. 더구나 이 왜구 세력에, 상대국이 시달려 우리나라에 애소(哀訴)함에 따라 히데요시는 '주인선(朱印船) 제도'를 창제하여 이들의 진압에 힘썼던 것이다.

멀리 회고하면 황손이 다카마노하라(高天原)¹⁵에서 강림하시어 점차 상경하여 이즈모(出雲)¹⁶의 오쿠니누시노미코토(大國主命)¹⁷와 평화리에 담판하시어 일본 건국의 기초를 정하셨던 성사(聖史)의 1페이지를 여는 순간에도 이즈모민족을 오늘날 말하는 팔굉일우의 대정신에 따라 애호(愛護) 처리하신 일이 여실히 설명되는 바이다.

이렇게 볼 때에 일본의 역사의 어떤 국면에도 이른바 '강행정책'이

....

14 1590?~1630. 에도시대 전기의 무역상이자 무장. 1612년 무렵 주인선으로 태국에 건너가 일본인 마을의 수장이 되어 활약하였다. 대일본 교역에 주력하고 일본인 부대의 수장으로서 국왕의 신임을 얻었다. 국왕 사후에 후계자 싸움을 진압하여 최고의 관위에 올랐으나 태국 현지인에게 살해당하였다.
15 일본신화에서 아마테라스오미카미(天照大神)를 비롯해 수많은 신들이 살고 있었다고 하는 천상의 세계.
16 현재 시마네현(島根縣) 동부에 해당하는 이즈모(出雲)신화의 무대.
17 일본신화에 나오는 이즈모타이샤(出雲大社)의 제신으로 일본의 경영을 수행하였지만 아마테라스오미카미의 사자(使者)가 오자 국토를 헌상하고 스스로 은퇴하였다. 의료·주술법을 정한 신이라 여겨진다.

라는 것은 그 근본에서 발견할 수 없는 것이다.

중일전쟁에서도 상술한 대로 그 근본이념에서는 조금도 침략의도에 따라서 발생된 것이 아니라 아시아를 아시아인의 손으로 확립하고 자급자족의 공영국을 건설하기 위한 전쟁임은 오늘날 선명하게 국민들이 인식하고 있는 바이다.

물론, 오늘날 여전히 중국인과 전쟁을 하지 않으면 안 되는 것은 진실로 상호 불행이지만 장개석(蔣介石) 정권이 구미 의존의 방침을 완고하게 고집하고 있는 동안에는 어쩔 수 없는 일이며 하루라도 빨리 그러한 미몽에서 깨어난다면 일본으로서도 과거 그들의 오류와 잘못된 생각은 관대하게 용서하고 이들과 제휴해도 좋을 것이다.

일본은 동아의 형이며 맹주이지 않으면 안 되는 커다란 운명을 지고 있으므로, 때때로 생각이 다른 동생들이 있어도 정색하여 화내지 않고 그 지도방책을 생각해 주지 않으면 안 되는 것이다.

이러한 의미에서 고찰한다면, 마쓰오카(松岡) 외상[18]이 이번의 성공에 비추어보아도 한 번 더 분발하여 중경(重慶) 주변에 진입하여 근본으로부터 동아공영권의 진정한 이념과 세계의 새로운 동향에 대해 장개석을 순순히 납득시켜 볼 수 없는 것일까. 무슨 일이든 한다면

....

18 1880~1946. 외교관이자 정치가인 마쓰오카 요스케(松岡洋右). 1893년 미국에 건너가 유학 후 외무성에 들어가 1921년 남만주철도회사 이사와 부총재를 역임. 나중에 중의원 의원이 되어 정우회(政友會)에 소속되었다. 1933년 제네바 국제연맹 회의에 전권대사로서 출석하여 일본군의 만주 철퇴권고안이 채택되었을 때, 의장을 퇴석하여 연맹을 탈퇴하는 역할을 담당하였다. 1940년 외상이 되어 독일과 이탈리아와 삼국동맹(1940), 소련과 중립조약(1941)을 체결하고 대미 강경노선을 추구하였다. 패전 이후 A급전범으로서 도쿄재판에서 심리 중 병사하였다.

빠른 편이 좋다.

일본과 소련의 중립조약도 만들어진 기회이기도 하고 영국의 장개석 원조 행위도 점차 미력해지고 있어서 겨우 미국 힘만 의존하고 있는 현재로서는 장개석 정권으로서도 아마 내심 불안한 시기에 있기 때문에, 방법에 따라서는 전혀 불가능하지도 않다는 느낌이 든다.

한화휴제(閑話休題) ―― 이야기가 다소 본론에서 벗어났기 때문에 재차 회교도에 대해 논하도록 하겠다. 상술하였듯이, 일본이 과거에도 그러하였듯이 장래에도 '강행정책'을 하지 않은 것이 본래의 명분이며 신조임을 안다면 당연 회교도에 대해서는 충분히 서로 이해할 수 있는 일본민족으로서의 특질이 있다는 이유에서 아마 문자대로 팔굉일우 정신을 비추어보아, 이를 접하였다면 회교도는 결코 우리들의 목적지를 막지 않을 것이라고 믿는 바이다.

두말할 필요도 없이 회교도는 4억여 명의 사람들 중 8할 넘는 숫자가 남방에 존재하고 있는 것이다.

3억여 명의 회교도가 일본의 진정한 기상과 회교에 대한 협화(協和)적인 태도가 있음을 알게 된다면 모든 의미에서 상상 이상의 효과가 발생함은 두말할 필요도 없다. 이후, 회교는 유럽에서 학대받은 결과가 결국 아시아에 뿌리를 내린 사실을 생각해 보아도, 회교도에 있어서는 지구상에서 동아(東亞)는 수일의 낙원이기 때문에 그 회교권을 올바르게 육성하여 올바르게 지도해 주는 일은 또한 일본에 부여된 명제이지 않으면 안 된다.

현재 회교도로서는 강력한 지도자가 부재하다는 점이 최대의 고민이다. 일본은 이 강대한 지도자가 되고 조력자가 되어 무슨 일이 있어도 그들에게 밝은 서광을 주지 않으면 안 된다. 그러나 이것은 결코 불가능한 이야기는 아닌 것이다. 일본도 회교협회라고 하는 기관도 있고 그 신자도 상당히 있기 때문에, 이 사람들은 하나가 되어 이에 대한 방책을 취해 주었으면 한다.

특히 최근 근동방면의 정세는 이라크가 영국에 엄연하게 선전하여 여러 해에 걸친 영국의 압정에 대해 당당하게 도전하여 세계의 눈을 놀라게 하였다. 아라비아민족의 궐기는 마침내 아라비아반도에 새로운 민족적 세기를 형성하려고 하고 있다.

이전 세계대전에서 아라비아민족은 노회한 영국의 감언이설에 넘어가 호되게 일을 하였으나 그 전후에 그 약속을 조금도 이행하지 않고 겨우 사우디아라비아, 이라크, 예멘 세 나라가 이럭저럭 독립되었을 뿐이고 그 외는 영국과 프랑스 사이에 분할되거나 보호국이 되어 버려 멋지게 배신당해 버렸던 것이었다.

이러한 상태를 마음으로부터 후회하였던 아라비아민족은 점차 반영국 반란을 일으키고, 차츰차츰 아리비아민족의 민족의식이 선명해져 1931년에는 아라비아제국의 대표들이 '아라비아 맹약(盟約)'을 작성하였다.

1. 아라비아 영토 분할의 부인
2. 식민지화의 배척
3. 아라비아 제국의 독립과 통일

을 명확하게 규정하기에 이르렀다.

따라서 이번 이라크의 반영 항전은 모로코에서 인도에 이르는 5천만 아라비아인, 회교도의 영국에 대한 전면적인 봉화이다.

회교도가 가지는 저력이 아라비아에서 석권되고 있음은 우리들로서도 특히 주시해야 할 문제이다.

이곳에서도 영국의 과거에 대한 불신부정의 씨앗과 그 잘못된 착취체제의 막다른 곳을 자기 자신이 베어내지 않으면 안 되는 시기를 맞이하게 된 것이다. 이것과 관련해서도 착취적인 체제를 가지고는 다른 민족을 결코 영원히 지배할 수 없음을 절실히 느끼는 바이다. 회교도를 마음으로부터 파악하는 것, 즉 정신적으로 우선 남방 제민족을 파악하는 일이 얼마나 중대한지를 일본은 명확하게 인식해 두고 싶다.

남방민족의 종교심에 대해

남방민족의 대부분이 회교도임과 동시에 그들은 상당히 미신이 깊은 신비주의자임을 알지 않으면 안 된다. 일본에도 현재 도회를 벗어난 지방에 가면 순연한 미신에 관한 사항이 번성하게 행해지고 있다.

주술이라든가 가지(加持) 기도[19]라든가 하는 것은 병 또는 가상(家相)에 상당히 중시되고 있지만, 남방민족은 이러한 일본의 경향보다

---

19 부처의 힘을 빌려서 병이나 재난, 부정 따위를 면하기 위하여 기도를 올리는 일이나 그 기도를 가리킴.

훨씬 그 정도가 심하다.

사람들에 따르면 이것을 극단적으로 경멸하고 혹은 조소하는 사람도 있는 듯하지만, 필자는 물론 미신을 찬성하는 자는 아니지만 그렇다고 해서 이것을 전적으로 바보 취급하는 태도에는 찬성할 수 없다.

왜냐하면 인간은 유심적인 쪽이 올바른가, 유물적인 쪽이 올바른가라고 하는 커다란 문제가 되면, 일률적으로 논단할 수 없는 것이다. 현대 세계인이 너무나도 유물적인 관념을 가지고 있기 때문에 물질문명은 융성해졌지만, 정신문명이 훨씬 뒤처져 버린 것은 주지의 사실이며 이것이 세계인류가 재고해야 할 문제가 되고 있다.

미신——이 바탕을 더듬어 가면 결국 유심론적 관념에서 출발한 것이다. 물론 미신이라고 하는 명칭으로까지 떨어져 버린 것은 어쩔 수 없지만 적어도 유물론적 근거로부터 출발한 것이 아니라는 점만은 양해할 수 있다.

그리고 보면 어느 정도의 미신이라고 하면 우스꽝스러운 말이지만, 어느 정도의 신비적인 사고방식은 때때로 황량한 인간 생활에 일말의 위안과 정취를 주게 되는 것이다. 남방민족이 저 남십자성 아래에서 문명의 은혜로부터 멀리 떨어져 있으면 생활 가운데에 자신들뿐이고 자신들보다 위력을 가지고 있는 보이지 않는 힘에 기도하고 그곳에 뭔가 안심하려고 하는 기분은 어느 정도까지 이해해 주어도 좋을 것 같은 느낌이 든다.

출산을 할 때에도 산파가 축문을 외우거나, 병에 걸려도 뱀에 물려도 주술을 하는 일을 비웃지만, 일본에서도 출산할 경우에 예의 니혼바시(日本橋)의 스이텐구(水天宮)[20]의 부적을 감사하게 생각하는 일은 상당히 많다. 그 외에도 병 쾌유의 기원도 상당히 진지한 것을 생각할 때 일본인으로서도 남의 일을 그렇게 경멸하여 조소할 권리가 있는지 없는지는 일단 생각해 보아도 좋지 않을까.

남방민족(회교도)의 일생 가운데에서 가장 커다란 바람이자 희망은 아라비아의 무함마드의 영지인 메카를 참배하는 일이다.

메카 참배야말로 우리들이 상상할 수 없을 만큼 그들에게 있어서 매력적인 일생 한 번의 추억이 있는 여행이다. 매년처럼 메카에 참배하는 사람들은 많을 때에는 1만 명에도 이른다고 한다.

회교가 전래하고 나서 이미 500년 이상의 긴 세월을 거쳤지만, 이에 대조적인 신앙체계를 이루는 것으로 심령의 발현은 자유라고 하는 만유 정신교인 유령론(唯靈論), 즉 학구적인 말로 하면 애니미즘이 있다.

즉, 대자연의 만유의 대상물을 모두 위대한 것으로 숭배하고 또는 이것에 영혼이 있다고 생각하며 이를 외경하는 사상이다. 물론, 이러한 사상은 남방민족에만 한하지 않고 원시시대 내지는 고대 세계 어느 제민족도 모두 가지고 있었던 사상인데 남방민족은 현재 이러한 어떤 의미의 모순과 불합리한 다른 신앙을 동시에 가지고 있는 셈이다.

즉, 한편으로는 무함마드 비스밀라(Bismillah)[21]를 창화하면서 그

----

20 도쿄 니혼바시에 있는 신사로서 후쿠오카현(福岡縣) 구루메시(久留米市)에 있는 구루메스이텐구(久留米水天宮)의 분사(分社)이다. 에도(江戶)시대부터 안산(安産)과 자식 점지의 신으로 사람들의 독실한 신앙을 받았던 곳이다.

21 '알라의 이름으로'라는 뜻이며, 신의 보호를 받아 일을 무사히 마칠 수 있도록 해달

반면에 큰 다랑어상에 기원하거나 극도로 영묘 불가사의한 미신에 속하는 것에 주물 숭배하는 것부터가 우리들은 그 심리라고 해야 할지 신앙상 남방민족의 사상을 조금도 파악할 수 없는 느낌이 들 것이다.

특히, 그중에서도 자바민족은 이러한 모습이 현저하다. 남방민족은 거의 회교도임을 충분히 알아두지 않으면 안 되는 점은 상술한 대로인데, 그렇다고 해서 회교의 예의 엄한 계율과 매일 다섯 번이나 예배를 하는 것을 너무 과도하게 생각하여 무엇이든지 회교 교도로 상대를 억지로 가두어 접하면, 상대방이 도리어 고맙기는 하지만 도리어 난처하게 되는 점도 일단 생각해 두지 않으면 안 되는 사항이다.

예를 들면 회교 교도는 돼지고기를 절대 싫어하여 먹지 않게 되어 있는데 현재의 남방민족 지식계급이나 젊은 사람들은 이외로 태연히 먹고 있는 실정이 있음을 알아두지 않으면 안 된다.

이렇게 생각해 보면 남방민족의 신앙도 섞여 점점 불가사의한 신비한 베일에 가려져 버리게 되는데, 앞에서도 기술하였듯이 이것을 조소하는 일은 물론 피하는 게 좋다.

회교(이슬람) 외에 인도 종교가 있다. 그곳에 전해진 인도 종교는 바라문교(婆羅門敎), 불교, 인도교 세 가지이며 처음으로 전해진 것은 바라문교인데 서부에 전해지고 나서 점차 중앙으로 포교된 것이다.

다음은 불교이다. 그런데 남방의 불교는 누구나 관찰하듯이 수마

라는 이슬람교도의 서언에 해당한다.

트라, 자바의 왕후와 귀족들이 귀의하였기 때문에 일반 서민계급의 종교로서는 세력을 떨치지 않았던 듯하다.

따라서 일본처럼 대중적인 종교로서의 불교는 발달하지 못하고, 또한 일반 서민계급의 영적 생활에는 하등의 기여도 하지 못했다고 해도 지장이 없다. 장래 일본의 불교가가 만약 남방민족을 응시하게 되면 그 포교가 현실적으로 가능한가 아닌가는 별문제로 하더라도 남방은 불교가 어떤 의미에서 처녀지대라고 생각해도 좋을지도 모른다. 그런 만큼, 일본의 신불교를 전하는 것도 지난한 일이기는 하지만, 그 일면 재미있게 일할 만한 값어치가 있을 거라고도 할 수 있다.

오늘날 일본의 불교계도 좀처럼 다난한 전환기에 서 있다고 보이는데 새롭고 진지한 불교가가 남방에 진출하여 어떤 관점에서는 사라진 듯한 과거 인도불교가 일본민족에 의해 소생되고 있는 '일본신불교'를, 더욱더 남방의 천지에 확산할 수 있다면 매우 훌륭한 일이라고 생각한다.

다음은 인도교이다. 인도교는 바라문교가 통속화한 것인데 불교와 바라문의 혼혈아적인 종교로 그 별칭으로 신바라문교라고도 하고 있다. 인도교의 교의와 제례, 의례 등은 상술하였던 애니미즘 '만유정신교(萬有精神敎)'의 원시교 사상과 서로 닮아있다. 그렇기 때문에 특히 자바의 사람들은 인도교에 들어가기 쉽고, 한편 독특하게 자바의 인도교가 창조된 것이다.

여기에서 주의할 점은 남방민족은 어떠한 종교를 신앙할 때에도 그 신앙심의 토대가 되는 것은 실로 애니미즘(원시교)인데, 환언하면 신비주의적인 더구나 형편이 좋은, 극단으로 말하는 미신적일 정도로 불가사의한 영적 세계에 의해 종교를 접하고 그 종교에 입문한다고 하는 점이다. 예를 들면, 일본에서도 오늘날 젊은 사람들에게 극락, 지옥의 실재를 처음부터 설명하고 불교에 들어오라고 해도 좀처럼 어려운데, 인도네시아 민족은 이를 바보로 여기지 않기는커녕 도리어 환영할 것이라는 점을 알아 두지 않으면 안 된다.

이와 같이 관찰해 볼 때에 장래 일본이 종교적으로 남방민족과 결합할 경우에 처음부터 종교를 이론적으로 제시하는 것보다, 어느 쪽인가라고 하면 불교의 저 인연설이라든가 영혼설 대신 그들이 이해하기 쉬운 길부터 설득하는 일이 그 첩경이지 않을까라고 생각한다.

대체로 종교라도 얼추 말하자면, 세계의 종교도 서양적인 것과 동양적인 것으로 분류할 수 있지만, 남방민족은 명확하게 아시아적 내지 동양적인 것은 사실이며, 일부에서는 서양적 종교의 본가인 기독교를 신앙하고 있지만 이것은 거의 그들 남방민족의 마음속에 느끼지도 않았으며, 발달도 하지 않은 것이다. 나는 별도로 종교적으로는 깊은 연구도 하고 있지 않았기 때문에 남방민족의 금후 종교에 대해 이렇게 하라고 하는 듯한, 명확한 의견과 그 방법론을 마침 갖고 있지도 않지만 요컨대 이 아시아적이며 동양적 사상의 소유자인 남방민족의 심리를 잘 관찰한 선상에서 그 방책을 수립하지 않으면 안 된다고 생각한다.

현금 일본에서 '영우회(靈友會)'라고 하는 것이 상당히 유행하고 있지만 그 종교적 근원은 학구적 측면에서 보아 어떠한 것인지 필자는 자세히 알 수 없지만 어쨌든 조상의 영혼을 위로하고 나아가 이를 소중하게 기원하는 듯한데, 이러한 형식의 종교는 의외로 남방민족에게 환영받지는 않을까라고 생각한다.

이것들은 금후의 일본 종교가가 모든 각도와 관점에서 연구해야할 과제이지만, 종교도 일면 종국에서는 정치적인 힘을 가지게 된다는 것은 당연한 이상, 어지간히 신중한 태도로 관계하지 않으면 안된다는 점은 확실하다.

누구나 알고 있듯이, 우호적인 태국은 현재는 별도로 치고, 과거에 승려가 상당한 세력과 사회의 모든 중요한 역할을 가지고 있었는데, 남방에 진출하려고 하는 종교가는 이른바 마음의 의사임과 동시에 어느 정도의 사회교육가, 또는 자선가일 필요가 있다고 생각한다. 오늘날, 일본의 종교가(승려)가 어쨌든 단가(檀家)로부터 다대한 물질과 금전을 모으게 된 것은 그들이 처음에 단가에 지식이라든가 봉사라든가를 한 결과인 셈이다.

남방민족에게 우선 일본의 승려는 봉사적이어야 한다는 점이 최초의 조건이 아닐까라고 생각한다. 그러기 위해서는 역시 일본 조야의 후원이 필요하게 된다.

말레이반도의 가치

오늘날 남방정책 중에서 말레이반도의 중요성은 결코 망각해서는 안 된다. 아니, 어느 의미에서 말레이반도는 모든 '생명'과 '급소'를 포용하고 있다고 해석해도 좋을 것이다.

즉, 말레이의 존재의의를 잊어서는 이른바 동아 신질서도, 동아공영권의 확립도 성립하지 않는다고 해도 과언이 아니다.

　말레이반도에는 싱가포르가 있으며 피낭(Pinang), 말라카, 포트스
웨트넘(PortSwettenham)이 남방의 요항으로 헤아릴 수 있다. 이 네 항
은 실로 남방 방면의 무역 요충지임은 물론이지만, 사실적으로 보아
도 남방의 급소이며 요충지이다. 모든 관점에서 보아 말레이반도는
한시도 잊을 수 없는 존재이다.

　앞서 이시하라 고이치로(石原廣一郎)²² 씨에게 남방문제에 대해 친
히 그 조예를 여쭙고, 나도 교시를 받은 바가 매우 다대하였지만 이
이시하라산업(石原産業)이 경영하는 조호르주의 스리메단(Sri Medan)
철광산과 같은 곳은 저명함과 동시에 그 외 말레이광산은 거의 일본
의 독점하에 있다고 해도 좋을 것이다. 그렇지만 말레이는 동아의
범위에 있으면서 그 이익은 모두 서구인들에 의해 농단되고 있다.

　이제 정치적 의의로부터도 상업적 의의로부터도 혹은 가장 중대한
민족적 의의로부터 보아도 말레이는 단연 간과할 수 없는 존재인 것
이다. 나는 최근에 읽은 서적과 잡지 중에서 다나카 하지메(田中肇)
씨의 연구발표였던 문장에 동감하고 또한 타당하다고 인정하였기 때
문에 그 상술된 바를 여기에 채록하여 그 노고에 경의를 표하고자
한다.

----

22 1890~1970. 다이쇼, 쇼와시대의 실업가이자 국가주의자. 말레이반도의 조호르에서
　철광산을 발견하여, 1920년 남양광업공사(南洋鑛業公司, 후에 이시하라산업이 됨)를
　설립하고 자원개발, 해운업을 중심으로 사업을 확장하였다. 강력하게 남진론(南進論)
　을 주창하였는데 일본 패전 후에는 A급 전범의 용의를 받았지만 석방되어 이시하라산
　업 사장에 복귀하였다.

말레이의 자연지리적 환경

영국령 말레이는 이른바 말레이반도의 남부 전체와 보르네오 동북부, 즉 사라왁(Sarawak), 브루나이(Brunei) 북부 보르네오 등을 포함하는데 이번에는 오로지 말레이반도에 한하여 서술하고자 한다.

그런데 말레이반도는 지리학자의 이른바 순다랜드(Sundaland)[23]라고 하는 전세기 구대륙의 일부에 속하며, 빙하시대 이후 격렬한 지각의 습곡(褶曲)운동을 받아 여러 곳이 융기하거나 함락하여 오늘날과 같은 반도 및 도서를 형성한 것이라고 일컬어진다. 따라서 그 지형을 보아도 남북으로 달리는 일관된 산지와 같은 것은 볼 수 없고, 오히려 낮은 고립과 단절된 구릉에 의해 이 반도 내부가 각각 소부분으로 구획되어 있어서 평지면적은 협소하고 평야는 적다. 또한 이러한 지형의 결과, 커다란 하천도 발달하지 않고 동해안에 파항(Pahang), 트렝가누(Terengganu), 켈란탄(Kelantan), 서해안에 페락(Perak) 등의 제하천이 있지만, 어느 것이든 그 거리가 매우 짧다. 그러나 이 땅이 고온, 고습도의 해안성 열대에 속하여 우량이 많기 때문에, 이들 하천은 짧음에도 불구하고 수량이 풍부하며 하천 교통의 편리함을 주고 있지만 동시에 그 유역은 이 침식작용이 격렬하고 특히 몬순(Monsoon)의 영향을 받고 우량이 많은 서부의 사면(斜面) 지대에서는

....

23 현재 태국의 중앙을 흐르는 차오프라야(Chao Phraya)강이 빙하기에 형성한 광대한 충적평야의 호칭인데 이 범위는 태국만에서 남중국해에 걸친 해저에 깊이 가라앉아 있으며 말레이반도 동해안에서 인도차이나반도에 접하는 대륙붕이 이에 해당한다. 기원전 7만 년 무렵에서 1만 4천 년 무렵에 걸친 빙하기에 광대한 평야였다.

흐르는 이토(泥土)로 인해 서해안 지방은 진흙 바닥을 만들고, 맹그로 브(mangrove)[24]가 밀생한 습지를 이루어 이 지방 특유의 경관을 만들 고 있다. 이에 반해 강풍을 받은 일이 많은 동해안에서는 조호르, 켈 란탄 등 사빈(沙濱)의 발달이 현저하다. 따라서 좋은 항구는 오로지 남부의 도서가 많은 해안 식민지에 한정되어 있다고 해도 좋다.

기온은 높고 1년 중 해안지대에서는 평균 섭씨 10도에서 15도, 내 지에서는 15도에서 20도 내외라서 1년 중 기온에 커다란 차이가 없고 4계의 구별은 거의 느낄 수 없다. 단조롭고 더구나 항상 습도가 높기 때문에 비교적 청량한 남부 해안지방을 제외하면 내지는 그다지 건강 한 땅이라고 할 수 없다. 강우량은 매우 많고, 전 토지 중에 최소기록 은 65인치, 최대기록은 237인치이다.

이러한 습기가 많고 비가 많은 열대성 기후는 스스로 동식물의 번 식과 성장을 번성하게 만들고 식물에서 온대지방에서 볼 수 있는 송 백류는 전혀 없고, 양치류, 반연(攀緣)식물, 기생식물, 그 외에 잡목 의 밀림이 많은데 이들 중에는 그다지 유용한 목재는 볼 수 없다고 한다. 동물은 오랑우탄과 같은 고등한 원후류(猿猴類)에서 호랑이, 표범, 코뿔소와 같은 맹수, 악어, 뱀과 같은 파충류 등이 많다. 또한 이 땅의 지질은 석회기의 고생층, 삼첩기(三疊紀)의 중생층 등의 성층 (成層)에 관입(貫入)된 화강암 지대가 많고 매장된 유용 광물로서는

....

24 맹그로브 나무 또는 맹그로브 숲을 가리키는데, 숲을 이루어 붉은 뿌리가 드러나 홍수 림(紅樹林)이나 해표림(海漂林)이라고도 일컫는다. 열대 및 아열대의 큰 강변이나 하 구, 바닷가 진흙 바닥에서 자생하고 있다.

석광(錫鑛), 텅스텐광이 많다는 사실은 주지한 대로이다. 이상은 말레이반도 내부의 자연지리적 환경이다. 그렇다면 그 역사, 지리적 환경은 어떠할까?

말레이반도와 말라카 해협

말레이반도의 지위를 넓게 아시아 지형으로부터 볼 때, 남아시아에 산재하는 도서(島嶼)군 중에 돌출한 육지이며, 동남쪽에는 수마트라섬, 자바섬을 바라보고, 수마트라섬 사이에는 말라카 해협을 만들었으며 수마트라섬은 남쪽의 자바와 순다 해협을 만들었다. 즉 이 지방은 남중국해와 인도양을 경계 짓고 양자의 해상교통을 말라카와 순다 양(兩)해협에서 누르고 있는 것이다. 이로 인해 이 지방은 일찍부터 아시아대륙과 유럽 및 아프리카 대륙과 이루어지는 해상교통의 요충이 되었으며, 옛날부터 동서 양대륙을 횡단하려고 하는 자는 육로로 중앙아시아의 톈산(天山)[25] 남북로를 따르든가, 해로로 이 해협에 따르든가 밖에 없었다. 육로교통은 교통기관의 발달에 의해 옛날과는 커다란 변화를 보이고 있지만, 해상교통에서는 여전히 이들 해

----

25 일 년 내내 녹지 않는 만년설에 덮여 있어 바이산(白山) 또는 쉐산(雪山)이라고 일컬어졌다. 동서주향(東西走向)의 습곡 단괴로 이루어진 산맥으로, 중국 신장웨이우얼자치구 중부를 가로지르며 키르기스스탄과 우즈베키스탄 그리고 카자흐스탄 등 4개국에 걸쳐 있다. 톈산은 동서로 2,500여 km, 남북 간 250~350km이며 이 산의 남쪽과 북쪽 기슭에는 톈산 북로(天山北路)와 톈산 남로(天山南路) 같은, 오아시스 취락을 연결하는 교통로가 발달하였다.

협, 특히 말라카 해협의 의의는 상실되지 않았다.

이와 같은 말라카 해협의 중요성으로 인해 이 방면에 일어난 제왕조로부터 근세 서구 열강에 이르기까지 이 해협의 획득이 남아시아 제패라는 인식이 생겨난 것이었다. 실로 남아시아의 역사는 이 말라카 해협을 둘러싼 항쟁의 역사에 다름 아니다. 이 말라카 해협에 임하는 말레이반도 또한 옛날부터 이러한 제세력의 항쟁에 말려든 것은 이른바 그 필연적 운명이었다고 하지 않을 수 없다. 오늘날 말레이반도의 인종구성이 다종다양하며 인종박람회와 같은 외관을 보이고 있다는 점도 필경, 이 지역이 체험해 온 역사의 복잡성을 유감없이 이야기하는 것이라고 하지 않으면 안 된다.

인도네시아 민족과 힌두인 왕국의 흥망

본래 말레이반도를 비롯하여 인도네시아 제도 일대의 원주민족은 니그리토(Negrito)인[26]이라고 일컬어지고 있다. 이들은 안다만(Andaman) 제도의 안다만족, 필리핀의 아에타(Aeta)족[27]과 같은 종족인데 아마

....

26 동남아시아에서 가장 오래된 원주민인데 '작은 흑인'이란 뜻의 이 인종은 아프리카의 피그미족과 같은 왜소한 인종에 속한다. 평균 신장이 남성은 150cm, 여성은 140cm 미만이다.

27 필리핀의 최고(最古) 원주민인데 니그리토계 왜소 흑인종에 속한다. 루손섬 북동부와 중부 및 팔라완섬, 네그로스섬, 민도로섬에 분포한다. 생산경제를 영위하지 않고 밀림 속에서 채집과 수렵을 하면서 이주 생활을 한다. 취락도 소규모여서 몇 가족이 집합하여 가족군을 형성하고 있다.

순다랜드 시대의 이주와 관련이 있다고 추정된다. 더욱이 사카이
(Sakai)족[28]이 이들에 뒤이어 남하하여 온 것 같은데 일시 니그리토족
을 압박하여 반도의 지배민족이 되었다. 이들에 대해 남방으로부터
프로토 말레이(Proto-Malay)족[29]이 북상해 와서 모든 지역의 패권을
장악하고 이 반도 및 인도네시아 제도 일대에 인도네시아 문명의 기
초를 쌓았다고 일컬어진다.

이상의 시대는 고고학적, 인종학적인 이상, 구체적인 사항에 대해
서는 조금도 알려져 있지 않다. 그런데 서력 전후부터 바야흐로 세계
의 정세가 변하여 동쪽으로는 중국 전토에 한족이 성립하고 서쪽으로
는 로마 대제국이 형성되어 종래 봉쇄적인 세계에 살며 고유한 문화
를 향유하고 있었던 이 인도네시아 세계에도 새로운 역사의 파동이
전해져, 이 방면은 세계역사의 무대 속에 그 모습을 드러내기 시작하
였다. 이 지방은 이때부터 인도반도로부터 수많은 힌두인이 도항해
와서 각지에 식민지를 열었다. 그래서 동쪽으로는 중국인이 광동(廣
東) 방면에서 나타나고 서쪽으로는 로마인이 연안항로를 이용하면서
이 지역에 도착하였다. 힌두인은 이 양자 사이에 서서 이 방면의 특산
물인 향료, 상아, 귀갑(龜甲) 등 상품의 중계무역을 개시하여 이윽고

....

28 주로 말레이반도 중앙부에 거주하지만, 수마트라섬에도 거주하는 선주민. 갈색 피부,
낮은 신장의 형질적 특색을 가지고 있으며 니그리토로 분류된다. 정주성이 적은 수렵
과 채집을 주로 하며 여러 가족이 한 무리가 되어 열대의 원시림을 이동한다.

29 말레이반도와 말레이 제도에 사는 민족으로 말레이반도 소수 선주민족의 총칭인 오랑
아슬리(Orang Asli) 중 하나이다. 기원전 2500년에서 1500년에 걸쳐 장기간 이동하여
아시아대륙의 내륙부에서 말레이반도로 이동해 왔다. 이들은 현대 말레이인과 인도네
시아인의 조상에 해당한다.

토착하여 그 식민지를 중심으로 인도네시아인을 정복하고 왕조를 창설하였다.

이 지방의 가장 강력한 왕조로서 알려져 있는 것을 수마트라섬의 동해안, 현재의 팔렘방(Palembang)을 수도로 하여 웅비한 스리비자야(Srivijaya) 왕국[30]이다. 이 나라는 당시 대승불교를 믿은 힌두인에 의해 창설되었는데 동서양의 최대 관문인 말라카 해협을 지배하고 부강함을 자랑하며 인도네시아 전체를 그 세력 아래에 손에 넣어 버렸다. 당시의 말레이반도도 스리비자야 왕국 안으로 열거되어졌던 것이다. 이 나라는 4, 5세기 무렵부터 대두한 듯하며, 중국의 수나라와 당나라 시대의 사적에는 '室利佛誓', 송나라와 원나라 시대에는 '三佛齊'로서 기록되고 있었다. 13세기 원나라의 세조 쿠빌라이의 침략을 받고 붕괴하기까지 약 900년 정도에 걸쳐 이 방면 유일한 강국이었다.

이 수마트라섬을 좌지우지하고 있었던 패권은 자바섬에서 일어난 마자파힛(Majapahit) 왕국[31]에 의해 교체되었다. 새롭게 등장한 이 왕국은 원나라 군대를 도와 스리비자야 왕국을 붕괴시키고, 보기 좋게 말라카 해협의 패권을 손에 넣고 약 1세기에 걸쳐 인도네시아를 호령하였다. 따라서 말레이반도는 15세기 무렵까지는 이들 강국의 정치 세력에 압박을 받아 웅비할 기회가 주어지지 않았다. 그런데 이 마자

----

30 2세기에서 13세기에 걸쳐 말레이반도 남부와 인도네시아의 수마트라, 자바섬을 거점으로 발전한 고대 해상 왕국.

31 1293년부터 1478년까지 자바섬 중동부를 중심으로 번성한 인도네시아 최후의 힌두교 왕국인데 최고 전성기에는 인도네시아 제도 전역과 말레이반도까지 세력 하에 두었다.

파힛 왕국의 쇠퇴와 더불어 15세기 중엽 무렵부터 두각을 나타내기 시작한 것이 이 말레이반도의 서남단에 토대한 말라카 왕국이었다.

말라카 왕국의 발흥과 그 수도 말라카의 정황

이 말라카 왕국[32]은 1398년 마자파힛 왕국이 당시 스리비자야 왕국에 속해 있었던 싱가포르, 당시의 테마섹(Temasek)성을 공격하여 파괴하였을 때, 그 망명자에 의해 옹립된 파라메스와라(Parameswara)라는 수마트라인의 창건과 관련되어 있다고 일컬어진다. 더구나 이 말레이반도에는 무굴(Mughul)제국의 압력 등이 가해져 이윽고 회교 세력의 침윤이 보였지만 이 신왕국도 또한 이슬람으로 개종하였던 것이다. 전대의 스리비자야 왕국이 불교국이고, 마자파힛 왕국이 바라문교인데 대해 회교 왕국으로서의 말라카 왕국의 등장은 이곳 방면에 종교적으로 다대한 영향을 초래했다고 하지 않으면 안 된다.

이 말라카 왕국은 중국의 명나라에 조공을 하여 우호관계를 맺고, 당시 중국에서는 '滿刺加國'이라고 일컬어졌다. 마자파힛 왕국의 쇠퇴는 이 신왕국에게 대두할 기회를 제공하였고 이윽고 말라카 해협의 제해권을 손에 넣어 그 해협에 임하는 수도 말라카를 이 해협의 중심

....

32 15세기부터 16세기 초두에 걸쳐 말레이반도 남안에 번창한 말레이계 이슬람 국가이다. 말레이반도가 교역에 중요한 위치에 위치한 점이 국가 형성에 중요한 영향을 끼쳤으며 향료 무역의 중계항으로서 인도, 중동에서 이슬람 상선이 다수 내항하여 동남아시아에서 이슬람 포교의 거점이 되었다. 처음부터 명나라의 충실한 조공국이었다.

지로 만들고 각국 선박을 모두 이곳에 집중시켰다. 마침내 4대째인 무자파르 샤(Muzaffar Shāh)왕 시대에는 술탄(sultan)이라고 부르고 인도네시아에 호령하기 시작하였던 것이다. 만수르 샤(Manṣūr Shāh) 알라웃딘 샤(Alauddin Shāh, 샤는 왕이라는 뜻)를 거쳐, 술탄 마흐무드 (Mahmud) 샤가 즉위한 것은 16세기 초두였다. 말라카 왕국은 바로 전성기의 위용을 자랑하고 이전 수마트라의 스리비자야 왕국이나 자바의 마자파힛 왕국에도 떨어지지 않는 강성한 왕국이며, 수도 말라카는 인도네시아의 중심지로서 각국의 사절, 각국의 여행가, 각국의 선박을 집중시키고 각국의 언어를 퍼뜨리려 그것으로부터 얻는 다대한 부를 말라카 왕국에 바쳤다. 당시 말라카의 정황을 포르투갈인은 다음과 같이 전하고 있다.

"여기는 모든 종류의 커다란 도매상인이 살고 있다. 이쪽으로 오는 무어(Moors)인도 그 외의 이교도도 모두 커다란 토지와 선박을 소유하고 있어서 주요한 곳에서 모든 물품을 사서 팔아치웠다. 수많은 선박, 특히 4개 돛대를 가진 커다란 배가 사탕 수하물을 얻기 위해 이곳에 온다. 이들 선박은 대량의 비단, 미려한 생사(生絲), 수많은 도기, 단자(緞子), 공기그릇, 수자(繻子), 자수(刺繡), 대황(大黃), 유황(硫黃), 은, 진주 등을 가져와 이 나라의 상인들에게 좋은 가격을 팔고, 그것과 교환하여 후추, 향료, 산호(珊瑚), 면사(綿絲), 수은, 아편, 약품 등을 사서 돌아간다(이것은 중국 방면의 선박을 가리킨 것이라고 생각된다). (중략) 나는 정말로 이렇게 믿지 않을 수 없다. 만약에 이것 이외의 다른 세계나 항해로가 있다고 하더라도 이것들은

모두 이 말라카에 모임에 틀림이 없다고. 왜냐하면, 이 지역에는 그
곳 세상 속에 온갖 다양한 약품과 후추가 발견되기 때문에."

포르투갈인의 등장과 말라카의 탈취

포르투갈인이 이 말라카에 나타난 것은 1509년의 일이다. 남아시
아이 무역을 독점하고 있었던 회교국가 세력을 타파하려고 하는 열의
에 따라서 그들은 신대륙, 신항로를 찾아 1488년에는 바르톨로뮤 디아
스(Bartolomeu Diaz)[33]가 희망봉을 돌아 1498년에는 바스코 다가마
(Vasco da Gama)[34]가 인도의 코지코드(Kozhikode)에 도착하여 가까스
로 찾았던 향료의 땅에 다가간 것이다. 디오구 로페스 드 세케이라
(Diogo Lopes de Sequeira)가 마누엘(Manuel)왕의 친서를 휴대하고 향료
무역에 관계하고자 말라카에 입항하였다. 그러나 신래자를 두려워한
회교도의 책략에 의해 말라카왕으로부터 간첩이라는 혐의가 가해져
그 배는 갑자기 습격을 받고 세케이라는 어쩔 수 없이 도망하기에
이르렀다. 그래서 이미 고아(Goa)[35]를 점거한 포르투갈인은 곧바로

....

33 포르투갈의 탐험가로, 1480년 국왕 조안 2세의 후원으로 인도를 가는 항로를 찾아
  탐험에 나섰으나 아프리카 최남단인 희망봉을 지난 뒤에 강한 폭풍우를 만나 목적을
  완수하지 못하고 본국으로 돌아갔다.
34 포르투갈의 탐험가이자 항해가. 숙달된 항해술과 외교수완으로 유럽에서 아프리카
  남해안을 거쳐 인도로 항해한 최초의 유럽인으로 인도가 가는 항로를 처음으로 발견
  한 인물로 여겨진다. 인도 항로의 개척으로 포르투갈 해상제국의 기초가 만들어졌다.
35 1961년 이전까지 포르투갈 식민지였던 인도 서부의 주.

말라카 대해 보복을 기도하여 1511년 5월 아폰수 드 알부케르크 (Afonso de Albuquerque)[36]가 19척의 배와 800명의 포르투갈인, 600명의 인도 병사를 가지고 와서 돌연 말라카성을 포위 공격하였다. 말라카는 포르투갈인의 무력에 대하여 처음부터 싸울 수도 없었다. 겨우 두 번의 공격으로 말라카는 함락하고 술탄인 마흐무드 샤는 도망하였다. 이후에 알부케르크는 말라카 총독으로서 말레이반도의 여러 토후들과 서로 길항하면서 말라카 성벽을 굳히고 이곳을 근거로 하여 인도에 구축한 고아와 더불어 당시 유럽에서 투기 대상까지 되었다고 하는 이윤 풍부한 향료무역을 독점하려고 기도하였다.

그러나 포르투갈인의 식민지 경영은 주지하듯이 성공을 거두지 못하였다. 말라카 왕국의 혈통을 잇는 말레이반도 및 수마트라의 여러 토후는 집요하게 포르투갈의 무역을 방해하고 있었기 때문이다. 게다가 포르투갈의 말라카 총독은 멋대로 개인 배를 불리는 것에 급급하여 식민 개발이라는 영구적 정책에 대해서는 조금도 괘념치 않았다. 후추와 향료 무역을 독점하려고 하는 방침마저 자바인, 말레이인과의 경쟁에 더해 자국인의 밀무역에 의해 완전한 실패로 귀결되어 버렸다.

이 포르투갈인의 말라카 경영의 실패를 완성시킨 것은 두말할 필요도 없이 신흥국가 네덜란드의 진격이었다. 본국에서 오랫동안 스페인·포르투갈 왕 필립 2세의 폭정에 시달리고 있었던 네덜란드인은

---

36 1453~1515. 포르투갈의 귀족이자 군인, 항해자, 식민지 행정관.

영국인과 결탁하여 독립운동을 기도하였는데, 그 결과 그들이 유럽
에서 경영하고 있었던 동양무역의 중개업을 필립 2세가 방해하여 동
양무역품의 집산지인 리스본으로 입항하는 것이 금지되었다. 그래서
생활 자존을 위해서도 네덜란드인은 스스로 남아시아에 활약하지 않
으면 안 되어 마침내 동인도회사를 설립하여 포르투갈인의 방해를
피하면서 이 방면에 진출하기 시작하였다.

네덜란드 치하의 말라카

네덜란드인은 우선 포르투갈의 근거지 말라카에 대항하여 자바섬
의 야카토라, 즉 바타비아(Batavia) 및 반탐(Bantam) 등에 발판을 마련
하고 향료의 주요산지인 몰루카(Molucca) 군도를 수중에 넣으려고 노
력하는 한편, 말레이반도와 수마트라섬의 여러 토후와 내통하여 말라
카의 포르투갈 세력을 빈번히 괴롭혔던 것이다. 당시의 바타비아 총
독 얀 피터르스존 쿤(Jan Pieterszoon Coen)[37]은 가장 재완이 뛰어난
정치가였다. 자국으로부터 집요하게 추급하며 빈번하게 반탐과 그
외에 상관을 열어 네덜란드의 향료 무역을 자기의 수중에 넣으려고

....

37 1587~1629. 네덜란드 관료이자 아시아 지역 총책임자. 1607년에 처음으로 인도네시
　아를 항해하고, 1612년 동인도제도로 파견되었으며 1614년 아시아 지역의 총책임자가
　되어 인도네시아에 군사비를 원조하는 대신 그 지역에 대한 네덜란드의 독점권을 확
　대하고, 1617년 총독에 임명되었다. 경쟁국인 영국의 동인도회사와 대립하였고, 1619
　년 자카르타를 획득하여 이곳을 바타비아로 개칭하고, 동인도 경영의 근거지로 삼았
　다. 1623년 일단 귀국하였다가 1627년 다시 총독으로 부임하였다.

하는 영국 세력을 그는 철저하게 타파해 버렸다. 더구나 영국은 당시 국내에서는 스튜어트(Stuarts)가와 올리버 크롬웰(Oliver Cromwell) 정권의 항쟁으로 인해 이 네덜란드의 공격적 태도에 대해 강경한 태도로 나오는 일이 없었기 때문에 네덜란드는 자바섬과 그 외의 지역을 확보하여 이윽고 포르투갈 세력의 근거지인 말라카를 탈취하려고 하였다.

말라카는 말라카 해협이라는 호적의 장소를 차지하고 있었다고 하더라도, 네덜란드의 교묘한 정책에 의해 이미 이 방면의 향료 무역의 중심지는 바타비아, 반탐으로 옮겨갔고 말라카의 지위는 붕괴하기 시작하고 있었다. 어쨌든 네덜란드는 수마트라섬의 아체 지역의 토후와 더불어 공동의 적인 포르투갈을 토벌할 수 있도록 1639년 말라카 및 인도의 고아도 동시에 포위하였다. 이미 무적함대가 파괴된 당시 포르투갈은 본국으로부터 원조를 얻을 여지도 없이, 1641년 말라카는 마침내 네덜란드인의 수중에 떨어졌다.

당시의 말라카는 인구 4,884명, 그중에서 145명은 네덜란드인, 1,469명은 포르투갈인 및 그 혼혈인, 426명은 중국인, 547명은 무어인, 690명은 말레이인, 1,603명은 노예였다고 전해지고 있다. 그런데 네덜란드의 말라카 총독 발타자르 볼트는 파괴된 성벽을 수리하고 거리를 미화하며 다양한 노력을 했기 때문에 네덜란드인 정권으로 귀결된 이래 겨우 20년도 안 되어 인구는 배증하여 말라카는 재차 번영을 회복하였다.

네덜란드의 노력은 말라카 일대에 부식되었는데 원래 말레이반도 전체에 미친 것은 아니었다. 수마트라섬의 나닝족과 미낭카바우족

(Minangkabau)[38] 추장들은 어쨌든 네덜란드와 서로 결탁하여 포르투
갈인을 추방하였기 때문에 네덜란드의 주권을 인정하였다. 그렇지만
처음에 포르투갈인에게 말라카를 빼앗긴 말라카 국왕의 후계자들도
여전히 술탄이라고 부르며 조호르 지역에 옛날의 왕국을 회복하고자
하였으며, 이외의 말레이반도의 여러 주도 모두 다소라도 말라카 국
왕의 혈통을 잇는 토후들이 있어서 아직 완전하게 독립을 유지하며
각각 자기의 세력 신장에 노력하고 있었다.

네덜란드는 우선 말레이반도의 경영에 당면하여 주석광산에 착목
하였다. 특히 주석광산이 많은 베라크(Berak), 케다(Kedah)에서 그 독
점 구입권을 얻으려고 하여 다양하게 획책하여 베라크, 케다의 왕후
와 여러 번 협정을 맺어 1785년에 마침내 베라크 산출의 주석은 모두
네덜란드 동인도회사에 매각해야 하는 협정이 체결되었지만 케다에
서는 성공을 보지 못하였다. 어쨌든 네덜란드는 빠르게도 이 주석에
주의하여 말레이반도 개척에 적극적으로 나서려고 하였지만, 네덜
란드 세력의 발전을 방해하는 것은 본국의 네덜란드 동인도회사의
붕괴 및 정치적 정세의 격변, 그것에 수반하는 영국의 두 번째의 진
출이었다.

1602년 반관반민의 회사로서 네덜란드 국민의 여망을 지고 화려하
게 탄생한 네덜란드 동인도회사는 당시의 독점 무역회사 공통의 악폐

....

38 인도네시아의 수마트라섬 중부서해안에 사는 말레이계 종족인데 상업과 이재(理財)
에 밝아서 인도네시아나 말레이반도 각지에 이주해 있다. 총인구 약 400만으로 추정
되며 모두 이슬람교도이다.

에 의해 18세기 후반 그 내부는 부패가 극에 달하였다. 회사는 문란하고 결손액도 사인(私人)에 의한 공금의 탕진도 불명확하고 회사의 실정을 적확하게 아는 책임자도 없었다. 따라서 공연한 악덕 행위가 반복되어 1790년에는 실제 8,500만 플로린이라는 큰 부채를 짊어졌고 마침내 1800년 어쩔 수 없이 해산하기에 이르렀던 것이다.

이 동인도회사의 붕괴와 동시에 네덜란드 본국에 정변이 일어났다. 일대의 영웅 나폴레옹이 이끄는 혁명 프랑스는 영국에 선전포고를 하고 네덜란드에 들어와 이를 바타비아공화국으로 하고 자신의 세력권 속에 넣어버렸기 때문이다. 영국으로 도망간 네덜란드의 대총통 빌럼 판 오라녜(Willem V van Oranje-Nassau)는 남아시아의 식민지 보호를 영국에 위임하지 않을 수 없었다. 그래서 네덜란드령 동인도제도 및 말라카는 일시 피낭(Penang)섬에 있었던 영국의 젊은 장교 토머스 스탬포드 빙글리 래플스(Thomas Stamford Bingley Raffles) 경의 손에 의해 일시 지배되었다.

영국 말라카를 빼앗다

이보다 먼저 영국은 네덜란드 총독 얀 피터르스존 쿤을 위해 일시 이 방면으로부터 세력을 철수하여 겨우 수마트라 남서의 일각 벵쿨루(Bengkulu)[39]에 칩거하고 있었지만 이윽고 인도반도를 정복한 후 재차 말라카 해협에 나타나 먼저 케다주의 술탄과 결부하여 1786년 프란시스 라이트(Francis Light)[40]는 피낭섬의 할양에 성공하고 이곳을 중심으로 하여 베라크, 케다 방면의 주석을 독점하려고 한 네덜란드의 계획을 좌절시키고, 더욱이 대안(對岸)의 웰즐리(Wellesley)[41]를 탈취하여 네덜란드 배후로부터 착착 비집고 들어가 진출을 기도하고 있었던 것이다. 지금 유럽의 정치적 변동으로 이 지역이 죄다 영국의 보호 하에 귀결된 것은 영국의 세력 진출상 이 이상 없는 좋은 기회였다고 말하지 않을 수 없다. 이윽고 유럽에서는 나폴레옹의 제패가 하루아침의 꿈으로 변하자, 이 지방은 재차 네덜란드에 반환되지 않으면 안 되었던 것인데, 민완(敏腕)한 래플스경은 이 호기를 놓치지 않고 간계를 꾸며 조호르·파항(Johor·Pahang)의 술탄 후세인(Sultan Husayn)을 세우고 이 지역이 영국령임을 승인시키고 링가(Lingga) 지역에는 그 동생을 배치하여 네덜란드령이게 만들었다.

이 래플스경의 조호르왕 포섭 행동은 명백하게 네덜란드인의 심정을 해친 것이지만 그는 자바에서 영국의 발판을 버려서라도 이 말레이반도 지역을 사수하려고 하여 다양한 책략을 강구한 결과, 마침내 1824년 런던조약에 의해 이 말라카 지역을 정식으로 영국령으로 하고 그 대신 그 외의 지역으로부터 영국은 손을 떼고 이 지역에 전념하

....

39 인도네시아 벵쿨루주의 주도. 벵쿨루주는 수마트라섬 남서쪽에 위치하고 인도양에 면해 있다. 1685년 영국 동인도회사가 벵쿨루시에 후추 무역기지와 요새를 건설하였다. 1714년에는 영국군이 말보로 요새(Fort Marlborough)를 건립하였다.

40 영국의 군인으로 1786년 피낭섬 동북부 지역을 극동지역의 첫 번째 무역기지로 개발하였고, 그때부터 영국 동인도회사의 지배 하에 놓이게 되었다.

41 말레이시아 말레이반도 서안 피낭섬의 대안에 있는 스브랑 쁘라이(Seberang Perai)의 영어명. 1800년 영국이 케다의 술탄에게 할양시켜 1826년 피낭섬과 더불어 해협식민지로 만들었다. 1957년 영국이 말레이연방이 독립하여 피낭섬과 더불어 피낭주를 구성하고 있다.

여 경영을 담당하게 된 것이다.

　영국은 이 스탬포드 래플스경의 수완에 의해 종래 케다주의 술탄으로부터 얻은 피낭에 더해 새롭게 싱가포르섬 및 말라카를 얻어 말레이반도에서 견고한 영국세력을 구축하게 되었다. 피낭은 이미 마드라스(Madras), 봄베이(Bombay)와 더불어 동격의 한 성으로서 뱅갈(Bengal) 정청(政廳) 아래에 귀속되었는데, 이 중에 말라카, 싱가포르도 합병되어 해협식민지가 구성되어 처음에는 피낭이 그 정청의 소재지가 되었다. 이윽고 1832년에는 정청이 싱가포르로 옮겨졌다. 이렇게 하여 싱가포르는 구래의 말라카를 대신하여 말라카 해협을 누르는 세계 유수의 항구도시로 발달할 수 있는 경우에 놓이게 되었던 것이다.

싱가포르의 발흥과 말레이의 영국령화

　싱가포르라는 말의 의미는 사자섬이라고 일컬어지고 있다. 즉 싱가는 사자를, 포르는 도시를 의미한다. 일찍이 마자파힛 왕국의 군에게 파괴된 이래, 한 어촌에 지나지 않은 이 땅에 1819년 2월 6일 래플스경에 의해 새로운 시가가 만들어졌다. 1819년 6월에는 중국인, 말라카인, 말레인이 와서 인구 5천이 되었고 다음 해에는 1만을 넘어 이 지역이 완전히 영국령이 된 다음 해 1825년에는 말라카, 피낭의 항구도시를 단연 누르고 이 방면 제일의 항구도시가 되었다. 해당년의 무역액을 보건대 말라카는 30만 파운드, 피낭은 100만 파운드였던데 반해 싱가포르는 260만 파운드를 넘었다.

그 후 이 해협식민지는 1851년에 이르러 뱅갈 정청으로부터 독립하여 인도총독 아래 귀속되었는데 인도와 말레이 사이에는 본질적 관계가 없기 때문에 1867년 인도 정청으로부터 식민성의 관할로 옮겼던 것이다. 코코스섬(Cocos Island) 및 크리스마스섬(Christmas Island)도 해협식민지에 병합되었고 더욱이 후자는 싱가포르에 병합되었다.

다른 말레이반도의 여러 주에서는 해협식민지가 성립한 후에도 국내에서는 왕위 쟁탈이 끊이지 않았지만 이에 편승하여 영국은 착착 손에 넣어 베라크는 1872년부터 1874년에 걸쳐 주석광에서 중국인의 폭동을 계기로 하여, 또한 슬랑고르(Selangor)에 대해서는 그 내용을 조정하여 각각 영국의 보호령으로 하고, 아홉 개의 소국으로 분열하여 다투고 있었던 느그리슴빌란(Negeri Sembilan)에 대해서는 그중 가장 강력한 선가이 우종(Sungai Ujong)을 도와 보호령임을 승인시켰는데 더욱이 1895년 이들 4주를 병합하여 말레이연방을 만들게 하였던 것이다.

그 외 조호르에서는 1895년 술탄인 아부 바크르(Abu Bakr)는 영국 고문을 초빙하여 그 보호 하에 귀속하고 케다, 페를리스(Perlis),[42] 켈란탄(Kelantan)[43] 등의 주는 모두 1909년 이 방면에 대해 종주권을 주

··········

42 말레이시아의 주. 말레이반도 중서부, 타이에 접해 있음. 넓이 803km². 인구 18만 8,000명. 쌀과 주석을 산출하고 캉가르를 중심으로 한 어업이 주산업. 비록 작은 주이지만 말레이시아인들의 주식인 쌀을 케다주와 함께 가장 많이 생산하는, 말레이시아의 식량창고와 같은 곳이다. 주석도 소량 생산되며 관광업도 발달하였다. 주도(州都)는 캉가르이며, 콸라페를리스·아라우·파당베사르 등의 도시.

장하고 있었던 태국과 조약을 맺어 모두 영국의 세력 하에 들어가게
되었다. 이들은 아직 연합되지 않고 말레이 비연방주라고 칭해지고
있다.

말레이반도의 역사적 변천의 대략은 이상 기술한 것과 같지만, 그
러한 결과 오늘날은 어떠한 정세를 전개하고 있는 것일까?

영국령 말레이의 통치기구

말레이반도는 이상 기술한 것과 같은 과정을 거쳐 해협식민지
(Straits Settlements),[44] 말레이연방주(Federated Malay States),[45] 및 말

....

43 태국과 접해 있는 말레이반도 내 말레이시아 주. 넓이 1만 4,969km^{2}이고 인구는 122만
   2,000명이다. 충적평야 지대에서 쌀과 고무를 재배하고 주석과 철강을 산출하고 있
   다. 1780~1909년까지 태국이 지배하였고, 영국의 지배를 거쳐 제2차 세계대전 중에
   다시 태국이 지배하였으나, 전후부터 말레이시아의 주가 되었다.

44 말레이반도의 남부 말라카해협에 면해 있는 피낭, 말라카, 싱가포르 및 그 부속도서로
   이루어진 구 영국령 식민지를 가리킨다. 1786년에서 1819까지 영국 동인도회사가
   네덜란드로부터 획득한 각각의 식민지는 1824년 런던조약을 통해 영국령으로 인정되
   었으며 1826년에 총괄하여 해협식민지가 되었다. 1868년에 이 지역의 지배권이 인도
   정부에서 영국 본토로 이관되었고, 1946년에 싱가포르가 분리되고 1948년의 말레이
   시아 연방이 만들어질 때까지 존속하였다.

45 1896년에서 1941년까지 영국령 말레이 행정조직(1896~1941)을 가리킨다. 말레이반도
   남부의 펠라(Pella), 슬랑오르(Selangor), 느그리슴빌란(Negeri Sembilan), 파항
   (Pahang) 네 주를 가리킨다. 이들 네 주는 모두 독립된 왕국이었는데, 영국은 1874년
   이후 이들 제국에 이사관을 배치하고 뒤이어 술탄 및 구지배층을 새로운 행정제도에
   편입하기 위해 참사회의를 각국에 설치하였다. 이후 식민지 행정경비 절감과 행정효
   율 향상을 위해 1895년 연합협정이 영국과 4명의 술탄 사이에 맺어졌다.

레이비연방주(Unfederated Malay States)라는 세 종류의 정치적 구분에 의해 구성되어 있다. 해협식민지는 명실상부하게 영국령으로서의 통치를 받고, 싱가포르, 페낭, 말라카, 라부안(Labuan), 코코스섬, 크리스마스섬을 포함한다. 말레이연방주는 파항, 베라크, 슬랑고르, 느그리슴빌란 네 주를 포함하고 말레이비연방주는 조호르, 케다, 켈란탄, 테렝가누(Terengganu), 펄리스, 보르네오의 브루나이를 포함한다. 그 면적 및 인구는 다음과 같다.

지역별	면적(평방 마일)	인구
해협식민지	1,529	1,114,015
싱가포르	281	559,946
페낭	570	359,851
말라카	638	186,711
라브안	40	7,507
말레이연방주	27,376	1,713,096
베라크	7,686	765,989
슬랑고르	3,160	533,197
느그리슴빌란	2,560	233,799
파항	13,976	180,111
말레이비연방	24,306	1,556,739
조호르	7,323	505,311
케다	3,640	429,691
펄리스	310	49,296
켈란탄	5,790	362,517
테렝가누	5,035	179,789
브루나이	2,209	30,135

　말레이 정청은 해협식민지의 수부(首府) 싱가포르에 있다. 여기에는 영국 황제의 임면과 관계되는 말레이총독이 있고 본국의 식민지 대신의 제령(制令)을 받아 식민지 행정에 상응한 독재권을 행사하고 있다. 해협식민지는 영국령 직할지로서 이를 직접 통치하고 말레이 연방주 및 비연방주에 대해서는 보호령으로서 그 행정을 감독한다. 후자의 경우, 이 총독(Governor)은 특히 총감(High Commissioner)이라고 칭해진다. 해협식민지와 말레이연방 및 비연방주에서는 통치기구를 다소 달리하고 있다. 우선 해협식민지에서는 통치기구는 총독과 그 보조기관인 입법의회와 참의회로 구성된다. 입법의회는 13명의 관리의원과 마찬가지로 13명의 관선 비관리의원 등 도합 26명으로 구성되고, 여기에서 입법된 의안은 총독의 동의와 서명을 거쳐 법률로서 발포된다. 참의회는 의장인 총독 외에 말레이 군사령관, 식민사무장관, 검사총장, 재무부장, 피낭, 말라카의 두 지사, 관리 등 11명으로 구성되는데 총독의 자문기관을 이루고 있다. 중앙행정기관으로서는 총독 관방(官房) 외에 30의 국(局) 내지 과(課)에 의해 구성되며 각국 장관은 식민사무장관에 의해 지휘 감독을 받는다. 이외에 피낭, 말라카에는 이사청, 라브안에는 이사를 두고 있다.

　말레이연방주는 보호령으로서 총독의 감독을 받고 있다. 입법기관으로서는 연방의회, 주의회가 있다. 전자는 주지사 및 법률 제정 고문 등의 관선비관리의원으로 구성되고, 후자는 각주의 지배자인 술탄, 영국인 지사 등으로 구성된다. 중앙행정기관은 총감 아래에 연방서기관이 실무를 담당하고 관방 이하 28국을 통솔한다. 지방에서는 구래의 예에 따라서 토후 술탄이 따르고 있지만, 행정 실권을 영국인

지사가 뺏을 것은 두말할 필요도 없다. 비연방주도 행정상 연결되어
있지 않을 뿐이지 그 외는 연방과 같다.

인구 밀도와 그 구성

영국령 말레이의 인구는 1931년에 4,385,346명, 1평방 마일당 인
구밀도는 82명이고 인접한 남쪽의 수마트라의 약 2배에 해당한다.
싱가포르지방이 가장 개방되어 인구밀도가 1평방 마일에 대해 2천
명 가까이에 이르며 이다음으로 피낭이 631명, 말라카가 293명 등으
로 많으며 파항, 테렝가누, 켈란탄 등은 가장 적다.

인구의 구성을 볼 때, 이 지역은 그 역사적, 지리적으로 보아 동서
의 교통 요충지에 해당하는 관계상, 인종박람회라고 불리고 있을 만
큼, 다종 잡다한 인종을 포함하고 있다. 총인구의 약 반수는 말레이
인이고 4할은 중국인, 1할은 인도인, 그 외 원주민족과 외래 구미인
이다. 이것을 더욱이 지역적으로 보면 해협식민지에는 중국인이 인
구의 과반수를 점하는 데 반해 비연방주에는 말레이인이 많고 연방주
에는 인도인이 많은 것도 매우 흥미 깊은 현상이라고 말하지 않으면
안 된다. 그리고 말레이인은 주로 농업을 경영하고 중국인은 상인
내지는 광산 노동자가 많고 인도인은 고무재배로 일하고 있다. 그렇
지만 이들을 지배하는 것은 두말할 필요도 없이 소수의 영국인이다.

더욱이 이 식민지의 인구의 특색을 이루는 것은 현저한 인구의 이
동 현상이다. 즉 최근 30년간에 전인구는 배증하였지만 이것은 고무

재배의 성황에 의한 이민의 증가이며 따라서 남성인구가 여성인구의 약 배에 해당한다는 사실도 주의하지 않으면 안 된다. 이것은 이 지역이 역사, 지리적으로 보아 어디까지나 동서교통의 요충으로서 식민지적으로 발전되어야 할 운명을 지고 있는 지방이며 이 지역에 일대 제국이 발흥할 수 없었던 것도 이러한 역사지리적 환경으로 인한 것이다.

재정 상황

우선 해협식민지에서는 1824년 이 지역이 영국주권 하에 들어가고 나서 인구의 격증, 무역의 발달 등에 의해 경제 각 방면이 모두 이상한 발전을 보이고 있지만 재정 방면에서도 마찬가지인데, 당초에 세입의 주요 원천은 아편, 주류 판매에 대한 소비세이며 1864년 무렵에는 세입 총액 19만 2천 파운드이고 세출은 행정비가 11만 5천 파운드, 군사비가 8만 1천 파운드였다고 한다. 어쨌든 일반적으로 세출 초과로 재정은 매년 팽창하지만 적자 쪽이 컸다. 그 후 이 지역이 인도총독의 손을 떠나 식민성의 관할로 옮겨지고 나서는 비교적 순조로운 과정을 보이게 되었다. 특히 이번 세기에 들어오고 나서는 세출입은 이상하게 팽창하여 1900년에는 세입 538만 달러, 세출 603만 달러, 합계 1,140만 달러로 상승하였지만 1920년에는 일약 세입은 4,247만 달러, 세출은 3,926만 달러, 합계 8,173만 달러로 약 8배의 격증을 보였다. 가장 팽창을 보인 것이 1925년인데 세입이 5,385만 달러,

세출이 5,750만 달러, 합계 1억 1135만 달러에 이르렀다. 그 후 다소 점감하였지만 세출입 모두 3천만 달러대에 있고 합계 7천만 달러를 초과하지 않았다.

경비는 일반 행정비로서 2,300만 달러, 그중에서 경무비, 의무국비, 교육비 등에서 모두 200만 달러에 이르며, 행정비 총액의 3분의 1을 점하고 있어서 식민지 행정의 목적이 어디에 있는지를 보여주고 있다. 군사비도 주둔비와 영제국 국방 기금을 합하여 약 800만 달러, 즉 세출액의 12%를 점하고 있다. 더욱이 식민지 개발로서 우선 교통망의 정비 문제가 고려되지 않으면 안 되지만 이것은 공공사업비로서 600만 달러에 이르고 있다.

세입에서는 면허료 및 조세가 그 총액의 60~70%를 점하고 이에 뒤이어 이자수입, 우편, 전신수입 및 관유 재산수입이 20~25%를 차지한다. 조세수입은 주로 아편 전매수입과 주류, 담배, 석유 등에 대한 소비세로 구성되는데, 전자는 조세 총액의 40%, 세입 총액의 25%에 해당하고 담뱃세는 20%, 주세는 14%이며, 이 세 가지로 조세 총액의 74%, 세입 총액의 반을 점하고 있다.

공채도 세 종류가 발행되어 말레이연방 정부, 싱가포르, 피낭 항무위원회에 대출되었는데 이자 및 감채(減債) 기금에 맞먹기 때문에 공채의 재정상 부담은 거의 없다.

다음에 말레이연방주에 대해 기술하도록 한다. 이것도 영국 보호하에 귀속되고 나서 순조롭게 발전하여 1900년에는 세입액 1,500만 달러, 세출 1,200만 파운드였지만 1920년에는 세입은 7,200만 달러, 세출은 1억만 달러에 달하였다. 최근 1935년의 통계에 따르면 세입은

6,200만 달러, 세출은 5,100만 파운드이다. 경비는 공채비를 필두로 세출 총액의 4분의 1을 점하는데 이들 재무관계비가 35%, 내무행정비가 30%, 사회사업비가 13% 등이다. 세입은 조세가 60%를 차지하고 그중 관세가 가장 크며, 세입 총액의 40%를 점하고 있다. 따라서 이 연방주의 재정은 무역의 성쇠에 의해 결정적으로 좌우될 운명에 있다고 하지 않을 수 없다. 이 관세수입 중 30%를 점하는 것은 주석의 수출세이며 이에 뒤이어 고무가 있는데 이것은 겨우 5.6%밖에 점하지 않는다. 수입세로서는 담배가 크고, 관세수입 중 16%를 점하는데, 즉 이 지역의 관세는 주석의 수출세와 담배의 수입세의 의해 약 50%에 가까운 수입을 가져오고 있다.

다음에 말레이비연방주의 각주에 대해 기술하도록 한다. 우선 켈란탄은 1935년도의 통계에서 세입이 231만 달러, 세출이 204만 파운드인데 일반적으로 세입초과를 보이며 비교적 풍부한 재정을 나타내고 있다. 경비의 필두는 봉급인데 세출의 반을 점하며 공공사업비와 같은 것은 매우 근소하다. 세입 중 다액을 점하는 것은 관세와 소비세와 토지세이다.

뒤이어 펄리스주에 대해서는 그 세입은 60만 달러, 세출은 52만 달러인데, 역시 세출 내용은 봉급이 그 태반을 차지하고 있고 공공사업비도 20%로 짜여 있다. 세입은 역시 국세, 소비세가 그 대부분을 차지한다.

케다주는 오늘날 여전히 회교 달력을 사용하고 있는데, 세입은 681만 달러, 세출은 580만 달러, 세출은 다른 주와 마찬가지로 봉급이 최다액을 차지하지만 공공사업비도 적지 않다. 세입은 관세가 40%,

토지 수입과 아편 수입이 각각 15%이다.

테렝가누주도 최근까지 회교 달력을 이용하고 있는 나라인데 세입은 220만 달러, 세출은 200만 달러로 양호한 수지상태를 보이고 있다. 세출내용은 마찬가지로 봉급이며 다음에는 공채이자이고, 그 두 가지로 80%에서 90%까지 차지하는데 교육사회비가 매우 작은 점은 이 주의 매개척의 정황을 보여주는 것이다. 세입으로는 임산물, 광산물의 수출세가 가장 크다.

마지막으로 조호르주인데, 1935년의 통계에서 세입 1,700만 달러, 세출 1,800만 달러인데 경비는 봉급이 많고 공공사업비도 26%에 달하고 있다. 세입은 여기에서는 다른 수입과 다소 달라 관세, 토지, 산림, 광산의 사업수입세, 수수료 수입이 각각 25%씩으로 합계 80%를 차지한다. 관세로는 담배, 석유에 대한 수입세, 고무의 수출세가 크다.

이상 말레이반도의 해협식민지 및 연방주, 비연방주의 재정을 보면, 그 지역의 특징을 잘 나타내고 있는데 식민지 재정의 일반적 특색으로서 세출에서 봉급 및 그 외의 인건비가 세출의 최대 부분을 점하고 있다는 점, 또한 이 지역 특유의 특징으로서는 세입에서 관세, 특히 특산물인 주석의 수출세, 담배의 수입세가 다액을 차지하고 있는 점을 들 수 있다. 더욱이 사회공공사업비에서는 해협식민지가 가장 많고 말레이연방주가 이 다음이고 비연방주가 적은 점은 그 개발 상황을 이야기하고 있는 것이라 하지 않을 수 없다.

산업의 상황

이 지역의 인구구성은 이미 말했듯이, 다종다양한 인종으로 구성되어 있는데, 그중에서 말레이인이 46%, 중국인이 30%, 독일인이 10%로 그 외는 언급하기에 충분하지 않다. 말레이인은 총인구의 약 반수를 차지하고 있음에도 불구하고 근대적 식민지 경영에는 참가할 수 없고, 구태의연한 봉쇄적 자급경제를 운영하고 있기 때문에 근대 자본주의적 농업 및 광업 각 분야에서는 중국인, 인도인에 의한 노동력의 제공이 가장 공헌하는 바가 크다. 우선 농업에 대해서 기술하도록 한다. 일반적으로 말레이에 한정하지 않고, 인도네시아 전체는 농업경영에서 에스테이트(estate) 즉 자본주의적 대농업 경영과 종래의 토민(土民) 농업으로 구별된다. 그리고 이것으로부터 생기는 사회적 제문제도 있지만 번거롭기 때문에 여기서는 생략하고 싶다.

그런데 이 지방의 농업이라고 하면, 현재에 고무 재배가 그 태반을 점하고 농지 총면적 498만 에이커 중 328만 에이커는 이 재배지에 해당한다. 이전에는 이 지역에서도 네덜란드령 동인도제도를 모방하여 향료나 사탕, 커피도 심었지만 모두 실패하고 고무재배를 하기에 이르러 비로소 일대 발전을 이루어 말레이반도는 일약 세계 제1의 고무 생산국이 되었다. 현재 세계 고무생산 총액 102만 7천 톤 중, 이 지역만으로 48만 톤, 네덜란드령 동인도에서 38만 톤을 생산하여 두 곳에서 세계 총생산액의 85%를 점하고 있다.

다음에 코프라(copra)를 채취하는 코코야자인데, 재배면적은 60만 에이커에 이른다. 이 수목은 이 지방의 토민에게 있어서는 식료와

연료, 건축재료를 제공하는데 불가결한 수목이며, 이들 코프라 외에
야자유를 채취한다.

다음은 이 지역 토민의 주식물인 쌀인데 이것은 부족하여 수요의
40%밖에 충족되지 않아 태국, 버마 등지로부터 수입하고 있다.

야자유는 초, 비누 등 공업원료 내지는 마가린으로 식료품, 공업에
도 사용되는 것인데, 아프리카에서 조호르주에 이식된 것으로 조호
르주가 번성하고 있다.

파인애플 재배도 조호르주가 번창하며 싱가포르에는 이 통조림 공
장이 많다.

타피오카(tapioca)는 1910년 무렵까지 이 지역의 중요 수출품이었
지만 고무재배가 발전함에 따라서 조락해 버렸다.

농업에 대해서 임업, 목축업은 크게 언급할 만큼은 아니다. 이 지
역은 처음에 일언(一言)하였듯이, 정글이 많아 양재(良材)가 적다. 또
한 목축에서는 물소가 수전경작용으로 사용되고 있는 것이 이 지역의
특색이다.

이 지역에서 특필해야 하는 점은 농업에서 고무, 코프라에 뒤이어
광업에서 주석이다. 광물로서는 이 주석 외에 철, 망간, 인산(燐酸)
석회, 회중석(灰重石), 볼프람(wolfram) 등이 있는데 주석은 세계 제일
의 생산액을 가지며, 세계 총생산액의 35%를 점하고 있다. 주석광구
가 많은 곳은 페락주이고, 슬랑고르(Selangor), 파항 등이 그다음이
다. 이것의 채굴은 처음에는 중국인의 수중에 있었지만, 세계대전 이
후 유럽인이 진출하여 근대적 경영법으로 개척하여 오늘날에는 서구
인이 66%, 중국인이 34%를 차지하고 있다.

다음에 철인데, 말레이 광산은 일본의 독점 하에 있고, 이시하라산업공사(石原産業公司)가 경영하는 조호르주의 스리메단, 일본광업회사가 경영하는 트렝가누주의 둔군(Dungun)이 특히 저명하다. 더구나 이들 광산 노동자는 중국인이 많고, 말레이인, 인도인도 참여하고 있다. 망간은 트렝가누주 및 켈란탄주로부터 나오는데 모두 일본광업회사가 경영에 관계하고 있다.

말레이의 공업은 이 지역의 식민지적 성질로부터 보아도, 농업 및 광업과 동격의 지위에 위치할 수 없다. 그러나 최근에는 식료, 의복 그 외 수입품을 막아내고 국내 생산을 높이기 위해 공업이 장려되고 있다. 그 일례로서는 맥주 공업을 들 수 있다. 또한 일본으로부터의 면직물 수입을 막기 위해 관세율을 올리고는 있지만, 영국의 시장으로 머무르게 하려는 의도 때문에 방직공업은 발달해 있지 않다. 오로지 융성한 것은 고무공업과 주석 정련 두 가지이다.

무역 상황

최후에 이 말레이반도의 존재의의를 특징짓고 있는 외국무역에 대해서 말하지 않으면 안 될 것이다.

우선 말레이반도의 항구도시로서는 싱가포르를 필두로 하여 피낭, 말라카, 포트스웨트넘(Port Swettenham)[46] 네 항구를 열거할 수 있다. 이 말레이의 여러 항구에 들어가는 각국 선박으로서는 영국이 필두이고 독일, 일본이 그 다음이다.

원래 식민지로서 또한 중계무역지로서의 말레이반도는 그 경제적
생명을 완전히 이 무역에 의탁하고 있다고 해도 과언이 아니다. 역사
적 시대에서는 이 지역은 단순한 향료무역의 중계지에 지나지 않았지
만, 이윽고 영국식민지로서 개척되어 고무재배, 주석광의 채굴 등이
개시되자마자 말레이반도는 전세계에 대해 귀중한 원료품의 제공지
로 변화하였던 것이다. 더구나 이 고무와 주석이 근대공업에 대해
갖는 중요성은 제1차 세계대전 이래, 이 지역의 무역을 현저하게 팽
창시켰다. 다만 원료품의 제공지로서의 말레이는 세계 공황으로 극
히 민감했던 것도 다툴 수 없는 사실인데, 이로 인해 일시 무역이
감퇴하였지만 최근에는 재차 회복하고 있다. 더구나 이 지역이 미국
공업의 직접적인 지배 하에 있음을 잊어서는 안 될 것이다.

그런데, 수입무역은 1936년의 통계에 따르면 5억 1,200만 달러이
고, 수입처 나라는 네덜란드령 동인도에서가 약 30%, 영국 본국으로
부터가 14%, 영국령 인도 및 버마, 북보르네오로부터는 12%, 일본으
로부터는 7%, 태국으로부터는 14% 등이 주요한 대상이다. 수입품목
은 라텍스, 구타페르카(gutta-percha)를 포함한 고무류, 쌀, 자동차
기름 및 광유, 주석광, 태국으로부터 정련 가공을 위해 수입하는 면
제품, 기계로이다.

수출무역은 6억 3,800만 달러, 원료품 및 미정제품이 56%를 점한

············
46 말레이시아 슬랑고르주 남부의 항구도시. 말레이 섬 남서부, 쿠알라룸푸르 남서쪽,
믈라카 해협에 면해 있으며 말레이반도 서안에 있는 항구로 쿠알라룸푸르의 외항에
해당한다. 지금은 포트클랑(Port Klang)이라고 한다.

다. 수출처 나라는 우선 미국이 47%로 필두이며, 영제국 23%, 이에 뒤이어 인도, 캐나다의 순서이다. 덧붙여 1935년 일본에 대한 수출액은 5,200만 달러이고, 8% 정도였다. 수출품목은 두말할 필요도 없이 고무와 주석이 대표적이다. 그중에 고무가 4, 5할을 점하고 태반은 미국으로 간다. 주석은 2할 강을 점하고 고무에 뒤이으며, 마찬가지로 미국으로 간다. 그 외는 코프라, 야자유, 파인애플 등이 있다.

마지막으로 일본과의 무역관계에 대해 일언하고 붓을 놓고 싶다. 일본과 말레이의 무역은 네덜란드령 동인도와 이루어지는 무역에서도 분명한 것처럼, 제1차 세계대전 이래 갑자기 번성해졌다. 일본의 수출품은 면사(綿絲), 면제품, 그 외 섬유제품이며, 세계대전 전의 영국제품을 대신하여 일본제품이 진출한 것이다. 이로 인해 마침내 1934년에는 직물 수입할당법을 실시하고 일본품의 유입을 막으려고 부심하고 있다.

일본에 대한 수출품으로서는 고무가 가장 많다. 그러나 이와 동시에 말레이의 철광은 거의 일본으로 수출되고 있다.

$$\times \qquad \times$$

필자의 말레이반도에서 역사적, 지리적 환경과 현상에 대한 서술을 보아도 그 특이한 지위와 그 시대 시대의 요구에 따라서 항상 중요한 역할을 세계에 보인 사실을 충분히 엿보아 알 수 있다.

내가 극언을 한다면, "말레이를 모르고 남방을 말하지 마라."고도 할 수 있다.

그리고 남방에 자기의 생애를 바치려고 하는 인사는 말레이어를 어느 정도까지 공부할 필요가 있기 때문에, 금후 '말레이어' 연구도 새로운 과목으로서 청년남녀 앞에 출현하고 있는 이유이다.

먼 서구의 어학보다 가까운 근린제국의 어학을 구사할 수 있는 편이 훨씬 실질적일지도 모른다.

다른 민족의 지도적 입장에 있는 국가는 당연 자국어를 그들 민족에게 부여해 주지 않으면 안 되는 것은 물론이며, 오늘날 이 방면의 학자도 더욱 목소리를 높여 적극적으로 관계해 나갔으면 한다.

남방의 모습

이 모습을, 모든 세계의 여행자가 묘사하고 있는데, 묘사의 주제는 끝이 없다.

물론, 장래에 그 고도의 문명문화라는 것이 남방에 침윤한다며, 어쩌면 그 표정이 변모할 수 있을지도 모른다. 그러나 상하(常夏)의 나라라는 점, 즉 열대라고 하는 대자연의 힘이 그들의 생활을 둘러싸고 있는 이상, 그들은 그들의 생활 풍경을 어느 정도까지는 의연히 지켜 갈 수 있다는 점도 충분히 생각할 수 있다.

누군가가 한대와 열대의 대자연만은 도저히 인력에 의해서도 지배할 수 없다고 하지만 수긍 가는 이야기이다.

그리고 자신들만이 문화인이야, 문명인이야라고 하는 표정을 하고, 그들의 풍속과 습관을 처음부터 부정하며 이상하게 신경질적인 지시를 한다면, 아마 그들은 또한 그들의 신 시바(Śiva)도 꺼리고 싫어하기에 이를 것이다.

풍습과 그 고찰

자바의 발리섬

남방기행문에서 자바의 발리섬을 서술하지 않은 것은 없다고 해도 좋을 만큼, 발리섬은 남국의 이상향으로서 묘사되고 있다.

이른바, 호박색의 윤기 흐르는 육체미를 아낌없이 드러내고 머리에 물건을 얹은 발리 여성의 풍자(風姿)는 이국인의 마음에 반드시 무언가의 인상을 주지 않을 수 없다.

혹은 긴 막대기의 절굿공이를 들고 한쪽 손으로 아이를 안고, 느긋하게 돌절구 속의 쌀을 찧는 발리 여성의 한가로운 풍경에는 누구든 미소를 지으며 바라볼 것이다.

혹은 길가의 도처에서 투계(鬪鷄)에 열중하고 있는 모습. ──

그리고 13, 14세 정도의 소녀들이 동그랗고 귀여운 눈동자를 빛내면서 춤추는 '발리 춤'의 원시적인 자태, 혹은 수욕장(水浴場)의 즐거운 와자지껄함.

모두, 시가의 제재가 될 점경(點景)이다.

수마트라의 잡거 생활

수마트라가 개방된 것은 50년 정도의 역사밖에 되지 않으며, 인종으로서는 람풍(Lampong)족, 바랑가스족, 렝지아가스족, 미낭까바우족, 바타크족, 아체족, 말레이족 등 7종류가 잡거하고 있어서 각각의 다른 족어(族語)를 사용하고 있다.

옛날에는 물론 보르네오의 타얄(Tayal)족처럼 인육까지 먹은 영맹(獰猛)한 미개민족이었지만, 근래는 매우 유순하고 온화하며 자바 민족보다 뛰어나 있다고도 일컬어지고 있다. 코퐁쟈부락에 가면 지금도 여전히 옛날처럼 한 집에 5, 60에서 80명 정도의 조직 가족이 일단이 되어 생활하고 있는 예의 '대가족주의'의 흔적이 남아있다.

물론 이 공동생활을 옛날 외적의 습격에 대비한 것인데, 이 생활형식은 점차 불필요해진 현대에서는 이 공동생활의 형태가 분산되어 가는 경향이 있다고 하는데 이곳에도 시대라고 하는 체가 있음은 당연할 것이다.

보르네오의 마법사

보르네오의 타얄족 사이에는 '스나양' 즉 마법사, 또는 기도사가 있어서 의사 대신 병 치료를 담당한다고 한다.

이 치료방법은 모두 일종의 정신요법이다.

병은 악마가 신체에 들린 것이라고 믿고 있는 그들은 치료가 이 악마를 퇴치시키는데 있다고 생각하고 있다.

일본에서도 시골 오지에 가면 여우에 씌었다던가, 살쾡이에 씌었다던가, 개귀신에 씌었다고 일컬어지는 일이 아직 다소 남아 있는데 이것과 서로 닮은 생각방식이다.

이 악마를 퇴치하는 기도사의 유일한 무기이며, 의료기구는 부리양이라는 약 바구니인데, 그 속에는 석영(石英)의 둥근 덩어리라든가, 사슴뿔이라든가, 향목이라든가가 들어 있다고 한다.

보르네오에 한정된 것은 아니지만, 그들은 병이 치료되는 것에 한없는 존경을 표하기 때문에 일본의학의 실력을 보이는 일도 결코 잊어서는 안 되는 중대 요목이다.

개인적으로 젊은 일본의 의사가 남방에 진출하는 것은 물론 좋은 일이지만, 여기에는 국가적 원조가 없으면 그 완벽함을 기대하기 어렵다는 것은 두말할 필요가 없는 일이다.

남양의 노래

남양의 노래, ──

저 남방민족의 노래, 누구나 느끼는 저 감미로운, 처량한 선율의 노래 소리는 왠지 서구의 노래보다 가깝게 느껴진다.

특히 우리들로 하여금 가장 흥미를 가지게 만드는 것은 예의 '와카나 가락'일 것이다.

> 와카나는 호남(豪男)의 무사
> 바다 밖에서 건너온 무사
> 결심을 하고 각오를 새로이 한, 불사신의 무사

그들은 알몸 위에 굳게굳게 무장을 한다.
투구를 받아 세 갈래 겸창(鎌倉)을 가진 무사
피부는 하얗고, 잘 생기고, 몸은 늠름하며
우리들을 괴롭히지 않고 관대한 남자
여자가 호의를 보내고 싶어하는, 멋있는 사나이 ……

분당은 각별히 뛰어난 미남자
랑다이의 아내 다봉을 발견하고 이를 바다 건너 데리고 가려고
한다.
랑다이는 원망하며 부라이 하구에 이를 기다리고,
카유브리양 가지며 뿌리를 펴서 강을 막아,
배의 하강을 막는다.
배가 뒤집어져 다봉이 물에 빠지고
분당, 애인을 찾아 격류에 헤엄쳤다
랑다이는 이를 나무로 때려 가라앉히려고 하였다.
분당, 웃으며 이 땅을 떠난다 ……

이 와카나의 아내가 된 타얄족 여자로 인다이 아방(아방의 어머니)
이라는 요희(妖姬)가 있어서, 수많은 와카나를 뇌살(惱殺)했다고 하는
죄로, 코타방강의 오지, 키리야오 지역에서 돌로 변해버렸다. ──
라고 하는 로맨틱한 전설을 노래로 한 것이다.
더구나, 이 불가사의하게 아름다운 인다이 아방이 그때 비녀로 꽂
고 있는 기생목 꽃은, '봉가 인다이 아방'이라고 하여 지금도 각지에

아름다운 꽃으로 피어 있다고 합리화하는 설명을 하고 있다.

이 노래의 영웅 와카나는 우리나라의 와코(왜구)가 사투리화한 말이라고 일컬어지고 있는데 아마 그에 틀림이 없을 것이다.

물론, 이것들은 문자로서는 남아있지 않고, 구비문학——내지는 구전 형식인데, 그들의 구전은 극히 엄밀하다는 점을 생각할 때에 이 '와카나 가락'은 의외로 정확하게 옛날부터 구전된 것인지도 모른다.

지금도 남방민족은 와카나라는 무사에 강한 동경과 애착을 가지고 있다고 하는 점인데 이 사실은 우리 남진 정책에 대한 뭔가 암시적인, 그리고 잊고 있었던 옛 고향에라도 돌아가는 듯한 친근한 기분을 가질 수 있다.

남양의 '와카나 가락'……

시적임과 동시에 우리들 마음의 골짜기에 간절하게 뭔가 호소하는 매력적인 노래가 아닌가.

남방의 예술

남방의 예술은,
불가사의하게 아름다운 환영(Bajang)*의 예술이다.
남방의 환영, ──
아름다운 향기마저 감도는 흑과 백의 교착.
남방의 예술은,
저 한아(閑雅)하고 유현(幽玄)한 가믈란(Gamelan)**에 의해,
비할 바 없이 운치가 넘치며 더구나 사무치게 사람들에게 다가온다.

....

· 인도네시아어로 귀신, 악령, 마귀이라는 뜻이다.
·· 인도네시아의 민속 음악으로 대표적 합주 악기를 가리킨다. 합주의 중심이 되는 것은
 사롱, 군델, 쿤푸르, 쿠논, 스렌템, 보난 등과 같은 선율 타악기이며 여기에 공, 쿤당
 등과 같은 타악기와 레바브, 체렌픈, 시텔과 같은 현악기 및 남녀 코러스 등이 더해진
 다. 자바섬과 발리섬에서 주로 사용되고 있다. 서양의 관현악이나 동아시아의 아악에
 필적하는 대규모의 형태로서, 선율타악기를 중심으로 한 일종의 오케스트라로 간주할
 수가 있다.

자바의 문학

자바 문학의 시초는 힌두인 시대에 일어난 것이다.

고대 자바어는 오늘날 말하는 카위(Kawi)어[1]인데, 이 카위어를 아는 자는 현대 자바 학자들 사이에서도 적기 때문에 고대 자바문학의 풍격을 정당하게 이해하는 일은 매우 곤란하다.

작품의 주제는 신화라든가 종교적 설화에 속하는 것이 많고, 말레이어로 론타르(Lontar)[2]라고 하는 부채꼴 야자잎에 각서된 것이 남아 있다.

자바의 국시(國詩)로서는 장편시 '바라타유다(Bharatayuddha)[3]라는 것이 유명하다.

물론 이 시는 그 구상이 자바 독창의 작품이라고 하기보다, 인도 고대시의 번안이라고 일컬어지고 있다.

원래, 자바가 인두인의 이주에 의해, 예술이 흥륭한 이유는 당시의 자바인보다 힌두인 쪽의 문화가 우수하였기 때문이라고 여겨지고 있다.

----

1 일종의 산문 및 문학언어로서 고대 자바어를 기초로 하여 산스크리트어로부터 차용한 상당한 어휘를 받아들였다. 사용 지역은 자바섬, 발리섬, 롬복(Lombok)섬들이다.
2 잎이 부채꼴인 야자수나무의 일종.
3 인도 고대의 서사시 『마하바라타』는 10세기 무렵부터 여러 번에 걸쳐 고대 자바어로 번역과 번안이 이루어졌는데, 『바라타유다』는 현재 전해지는 가장 오래된 판본이다. 이 작품은 음푸 스다(Mpu Sedah)와 음푸 파눌루(Mpu Panuluh) 형제가 1157년 저술하였는데, 자바어로 번안되는 과정에서 여러 등장인물들의 명칭이 자바어로 옮겨지고 내용도 현지를 배경으로 수정되었다.

이 시는 네덜란드의 문학박사 프루인 미스(Fruin-Mees) 여사의 저서 『자바사』(제1권)에 따르면 일본의 시대로 말하면 '호겐의 난(保元の亂)이 있었던 고시라카와(後白河) 천황 치세 시대인데 서력 1157년이라고 기술되어 있다.

이 힌두·자바 문학 뒤에 일어난 것은 모하메단(Mohammedan) 자바 문학인데, 모하메단문학은 회교문학, 아라비아문학의 번역 내지는 모방에 지나지 않고 보아야 할 문학은 적은 듯하다.

현대에서도 문학작품으로서 운운하기에는 저조하며, 근년 남방민족의 민족의식이 발흥하고 있는 듯하기 때문에 해외에서 면학한 젊은 사람들에 의해 새로운 남방문학이 다가올 내일에 창조될 것이다.

연극과 음악

남방민족의 연극으로서는 자바의 연극 와양(wayang)극[4]이 너무나도 유명하다.

문학으로서는 빈약한 것밖에 없지만 와양극은 현대에도 훌륭하게

....

4 와양 쿨릿(wayang kulit)이라고 하는 인도네시아의 자바 및 발리에서 공연되는 인형을 이용한 전통적인 그림자극이다. 이때 양피(羊皮)를 잘라내어 채색을 한 와양 꼭두각시 인형을 사용한다. 음악 반주에 맞추어 인형을 조종하는 사람을 다란이라고 부른다. 연극은 힌두교 사원에서 축제의 일환으로 진행되며 인도의 고대 서사시 '마하바라타'와 '라마야나' 등이 주요 공연이다. 이런 형식의 인형극은 태국과 미얀마 등지에서도 행해졌는데 인도네시아 인형보다 큰 것이 사용되었다. 그러나 현재 인도네시아 이외의 지역에서는 그다지 공연되지 않는다.

성장하고 있을 뿐만 아니라 세계의 연출가는 이 이국적 정서가 넘치고 있는 와양극으로부터 수많은 힌트와 교사(敎唆)를 받고 있다.

와양이란 순 자바어로 '그림자'라는 의미이다.

와양과 동시에 토펭(Topeng, 가면)극[5]이 있다.

이 가면은 일본의 노가쿠(能樂)[6] 가면과 마찬가지로 목조(木彫)인데, 미술적 가치도 많으며 우리나라는 물론 유럽에서도 애완되고 있다.

근년에 이 가면의 형태를 취한 흙 가면이 20전 또는 30전 정도로 야시장에서까지 팔려 일본에서도 실내 장식으로 사용되고 있음은 주지하는 바이다.

와양이란, 그림자 인형연극으로 예의 프랑스의 '마리오네트(Marionette)'[7]와 일맥상통하고 있는 바가 있다.

와양도 토펭도 모두 조상숭배의 사상, —— 조상 영혼의 영웅적인

----

5 토펭은 가면극 또는 가면을 가리키는 말인데, 그 어원은 토푸(topu)로 '닫는다' 또는 '뚜껑'을 의미한다. 토펭은 등장하는 모든 출연자가 가면을 사용하는 무용을 가리키며 인도네시아에서 가장 오래된 무용극이다. 토펭은 12세기 동부 자바의 커디리 왕조 때 시작되었다고 알려져 있지만, 최초의 명확한 기록은 14세기 마자파힛 왕조기의 연대기 '나가라컬타가마(Negarakertagama)'에서 볼 수 있다. 토펭을 하고 춤을 추는 사람은 가면으로 얼굴을 가리고 있기 때문에 대사가 없다. 무용을 제외하고 이야기를 진행하고 음악을 리드하는 것은 모두 다란이 담당한다.

6 일본의 전통 예능 중 하나로 가면극에 해당한다. 노(能)와 교겐(狂言)을 일괄하여 지칭하고 있는데 당나라에서 들어온 산가쿠(散樂)에서 분화된 사루가쿠(猿樂)에서 발전된 무대예술로서 에도(江戶)시대 말에도 노가쿠라는 말이 사용되기는 하였지만 의식적으로 사용된 것은 1881년 노가쿠샤(能樂社) 설립에 즈음하여 공식화되었다.

7 머리·동체·팔다리에 철사나 실, 막대기 등을 연결해 꼭두각시를 조작하는 인형극. 르네상스시대부터 19세기에 이르기까지 흥행하였다. 작은 무대를 설치하여 무대 상부에서 사람이 인형을 조정하였다.

비약을 토대로 하여 일어난 것이다.

와양에도 6개의 종류가 있으며 토펭에도 세 종류가 있다.

와양의 인형수는 120-30에서 150-60, 많으면 200개 정도가 한 조가 된다.

일반의 독자 제군에게는 그다지 흥미를 끌지 않을지 모르기 때문에 생략하지만, 그 방면에 취미가 있는 분은 일본어로 소개된 것으로 다케이 주로(竹井十郎) 씨의 저서 『인도네시아인(インドネシアン)』이라는 책에 자세하게 서술되어 있으므로 일독하면 좋을 거라고 생각한다.

와양과 토펭은 남방 여행자의 마음이 불가사의하게도 아름다운 이국정취가 풍부한 예술적 분위기에 완전히 미혹되어 버린다.

프랑스인의 어느 여행기에는 "와양은 남국 여왕의 검은 눈동자 같고, 자신의 가슴에 첫사랑과 같이 생애 잊을 수 없는 그림자로서 남을 것이다."라고 쓰여 있는데 지당한 말일지도 모른다.

×   ×

남방 음악은 누구나 느끼는 바와 같이 저 애정(哀情) 간절한 운율로 사람의 마음을 누그러뜨린다.

중국의 형용사로 하면, "원망하듯이, 연모하듯이, 우는 듯이, 호소하듯이, 여운 나긋나긋하게……"라고도 말할 수 있는 바이다.

통나무배에서 연주하는 하와이언 기타를 들으면 모든 나라의 여행자 가슴에도 일말의 위안거리를 느끼게 할 것이다.

자바의 악기 중에서는 20종의 다른 악기를 한 조로 한 가믈란 (Gamelan)이라는 일종의 오케스트라가 우아하고 영묘하며 고답적인 음악으로서 근대 음악 속에 당당히 존재할 수 있는 것이다.

남방민족이 음악에 대한 좋은 귀를 가지고 있는 것도 놀라울 따름 인데, 요전에 남방을 시찰하고 온 모 음악연구가의 이야기를 신쿄(シンキョウ)사주인 후쿠이 겐이치로(福居謙一郎)로부터 들었다.

물론, 여기에는 독일인이 제1차 세계대전 이전에 그들을 지도한 일이 크게 이바지한 연유이다.

물론, 좋은 귀를 가지기 위해서는 근본적으로 좋음 음교(音敎)가 필요하다.

최근, 일본에서도 악보의 기호가 상당히 요란스럽게 문제가 되어 점차 개혁되기 시작한 일은 매우 좋은 일인데, 아직 개량해야 할 점이 있는 듯하다.

오늘날, 독일은 군사적으로 우수할 뿐만 아니라, 저 훌륭한 독일 음악을 가지고 있다. 동시에 우리들은 저 히틀러 총통의 "독일음악 은 독일민족 부흥을 위해서이다."라고 갈파한 말을 상기하지 않을 수 없다.

일본이 만약 남방민족과 음악적인 제휴를 하기 위해서는 일본 음 악가의 분기가 무엇보다 필요하다.

현상 유지에 만족하고 있는 수많은 일본 음악가를 생각할 때, 과연 남방민족을 음악적으로 잘 마스터할 수 있는지 아닌지, 그 점을 실로 불안하게 생각하는 것은 나 혼자의 기우일까?

보로부두르(Borobudur)의 불교유적

중앙 자바의 욕야카르타(Yogyakarta)에서 약 7마일에 있는 보로부두르의 불교유적은 인도네시아에서 인도 불교시대의 기념물 중에서 가장 대표적인 건축조각일 뿐만 아니라 세계에서도 그 불교 건축물의 위대한 대표적인 존재이다.

더구나 그 예술적, 미술적 가치에서 당대 비견할 데가 없다고 칭해지고, 세계 불교연구가로서 이 보로부두르의 불교 유적을 보지 않고는 고대 종교전당을 말할 수 없을 만큼 유명한데, 그 정치하고 웅대한 점은 누구도 놀라지 않을 수 없는 모양이다.

남방에 이러한 걸출한 것이 있다고 하는 점에서, 즉 한 전당의 존재로 고대 남방 미술은 엄연히 세계의 왕좌에 있다고 말해도 좋을 것이다.

더구나 1,000년 이전의 미술의 정화가 비바람에도 전혀 더럽혀지지 않고 선명하게 현대인에게 감상할 수 있음은 또한 커다란 기적이라고도 할 수 있다.

물론, 이 불교 유적이 오랫동안 지하에 파묻혀 있었던 것도 행운이 따랐던 사실인데, 1814년 우연히 이 석조의 대사원이 지하에서 발견된 것이다.

대사원이라고 해도 석전이기 때문에 불탑이라고 하는 편이 적절할지도 모른다. 어쨌든 그 훌륭한 옅은 돌을새김의 조각이 천 년 이상의 긴 세월 이전의 옛날에 생긴 것이라고 생각되지 않을 만큼, 선명하게 볼 수 있어서 얼마나 세계 현대미술계에 커다란 기여를 했는지는 도저히 간단하게는 형용할 수 없다.

그리고 이러한 찬탄해야 할 위대한 예술전당이 그 역사도 분명하지 않고 또한 이 전당에 관한 문헌이 남아 있지 않다. 더구나 천년의 세월을 조용하게 지하에 파묻혀 있었다고 하는 점은 실로 불가사의한 사항이다.

이것은 13세기 말에 이슬람교(회교)가 상당한 세력을 가지고 이 지역을 압권해 왔기 때문에, 불교도가 이 불골(佛骨)을 수합한 성당(聖堂)이 회교도에게 유린당하는 것에 참을 수가 없어서 토사를 가지고 완전히 그 모습을 숨겼던 것이라고 일컬어진다. 또한 일설에서는 므라피(Merapi) 화산재로 매몰되었다고도 전해지고 있다.

그 어느 설이 올바른지는 물론 아직 논단할 수 없지만, 이러한 수수께끼를 가지는 로맨틱한 사실은 영원한 매력을 가지는 이야기임에는 틀림이 없다.

이 영탑(靈塔)이야말로 남방민족의 위대한 예술의 결정임과 동시에 어느 시대의 세계에도 자랑할 수 있는 장엄 무비한 상아의 탑인 것이다.

남방민족에게 만약 조용한 시기와 고대와 같은 단결의 힘을 부여한다면, 그들은 재차 이와 같은 위대한 예술을 창조할 수 없다고도 단언할 수 없을 것이다.

즉, 누군가도 말하였듯이, "역사는 민족을 만들고, 민족은 또한 새로운 역사를 만든다."라는 의미로부터 생각해도. ……

남방의 신화와 전설

남방은 꿈의 나라, —— 남방은 신비한 나라,
아름다운 수수께끼의 베일에 감추어져,
모든 호기(好奇)스러운 모습에 그늘져 있다.
아아, 꿈이 끝나고, 신비에 갇혀,
몇천 년의 시간을 마음 조용히 숙면하고 있다.
나는 남쪽 나라에 가고 싶다고 생각한다.
아아, 불가사의한 지혜를 만나기 위해,
내 등에 짊어지고 있는 색바랜 세월의 꽃다발을 던지기 위해,
아아, 인도네시아 사람들마저 모르는
길고 긴 저 야자의 제방을 단지 혼자서
어린애처럼 정처 없이 떠돌고 싶다고 생각한다.
아아, 남방은 꿈의 나라, 남방은 신비한 나라. ——

남방의 신화와 전설

전술한 '남방민족의 종교심에 대해', 남방민족이 종교적으로도 매우 신비성이 있는 신들린 특질을 좋아한다. —— 따라서 미신적인 영혼을 중심으로 한 것이라든가 또는 대자연의 대상을 숭배하는 것을 서술하였는데, 이 남방민족의 심리는 당연 신화라든가 전설 이야기를 풍부하게 가지게 되었다.

물론, 이것들을 순정한 문학적 가치로부터 논한다면 너무나 황당무계에 빠지는 이야기이며, 이른바 옛날이야기에 지나지 않을지도 모르지만, 그들 인도네시아 민족의 민중적인 구비문학으로서는 또한 사랑스러운 성질을 가지며, 일단 그들이 동경하는 심리적 투영을 관찰하는 것도 의의가 없지 않을 것이라고 생각한다.

이 남방의 신화와 전설에 대해서는 동인도일본사 사장 사이토 마사오(齋藤正雄) 씨가 매우 조예가 깊고, 20년이나 연구하고 있기 때문에, 나의 독필(禿筆)보다 오히려 그의 세련된 연구를 채록하여 독자의 흥미에 바치기로 한다.

우선, '신인(神人)·영웅'적인 이야기 중 한 편으로부터 「고도(古都) 마자파힛 이야기」를 선정하기로 한다.

고도(古都) 마자파힛(Majapahit) 이야기

중앙 자바의 제왕국의 하나를 통치하고 있었던 왕 중에 문당 왕기이라고 하는 미신이 깊은 잔인한 왕이 있었다. 그 왕은 문당 왕기이왕과 그 두 번째 왕비 푸트리 문치요로 사이에 태어난 왕자였다.

어느 날 왕이 뒤따르는 신과 노예를 데리고 산지에 갔을 때, 늙은 은자(隱者)가 왕에게 세 명의 왕자가 태어날 것이지만 첫 번째 왕자는 나중에 이르러 진짜 아버지인 왕을 죽일 것이라고 예언하였다.

문당 왕기이왕은 이 무시무시한 예언을 듣고 대단히 격노하여 거친 노여움으로 인해 왕은 신성한 은자 앞에 서 있는 현재를 잊어버리고 분노로 떠는 목소리로 이러한 불온한 예언을 하는 남자는 곧바로 크리스(Kris)[1] 단도로 찔러 죽이라고 따르는 신하에게 명령하였다.

그러나 신엄(神嚴)한 은자를 향해 감히 칼을 사용하려는 자는 신하 중에도 노예 중에도 한 명도 없었다. 왕 자신도 지금은 손을 내려 은자의 생명을 단축시킬 용기는 없었다.

"누구도 너를 죽일 자는 없다."고 왕은 불만스럽게 이야기하였다. "신불의 가호로 죽을 뻔했던 목숨을 신기하게 건졌다. 그러나 너는 추방해 마땅하다. 지금부터 나와 더불어 가라. 그러나 당 영내에 길게 체류하는 것은 용서할 수 없다. 그리고 만약에 나에게 첫 번째 왕자가 태어났을 때에는 곧바로 그를 죽일 것을 맹세한다."라고 백발의 늙은 은자에게 선언하였다.

그러고 나서 문당 왕기이왕은 아버지인 자신을 죽일 것이라고 하는 첫 번째 왕자에 대해 밤낮으로 이것저것 생각하며 괴로워하였다.

....

1　말레이시아와 인도네시아인들이 사용하는 날이 물결형의 단도.

그리고 처음으로 태어난 아이가 예언대로 실제 왕자였을 때, 어느 날 밤 왕은 유모에게 잠자는 왕비 손에서 남몰래 왕자를 뺏어오도록 명하였다.

유모는 거친 왕의 노여움을 두려워하여 이 명령에 반할 수 없었다. 더욱이 왕은 그날 밤 안에 가장 신임하는 노예 중 한 명을 남몰래 불러 왕자를 남해안에 옮겨가서 그곳에서 죽이고 사체를 바닷속에 던지라고 명하고 왕자를 건넸다.

노예는 명령에 따라서 막 태어난 왕자를 안고 남해안에 왔지만, 이 잔인한 일에 어찌해야 좋을지 갈팡질팡하다 해신(海神) 캬이 브로롱에게 의견의 찬동을 구하며 탄원하였다.

"남해의 위대한 해신이여, 저의 존경하는 왕인 문당 왕기이왕은 첫 번째 왕자를 죽이도록 나에게 명하셨습니다. 그러나 나는……나는 두렵습니다. 어째서 이 죄 없는 유아를 죽일 수 있겠습니까……. 아, 나는 어떻게 하면 좋습니까?"

그때 깊은 바다의 바닥에서 난폭하게 솟아 나오는 노도와 같은 힘찬 캬이 브로롱의 목소리가 들렸다.

"너의 왕처럼 잔인하지 않은 노예여, 유아(幼兒)는 그 해변에 있는 최초의 바위굴에 눕혀두고 가라. 그리고 돌아가 왕에게 고하라, 모두 명령대로 했습니다, 왕자는 이제 캬이 브로롱의 나라에 있습니다라고. 왕은 그것에 만족하여 재차 너에게 왕자를 어떻게 했는가라고 묻지 않을 것이다. 아무것도 염려치 말고 돌아가라. 나는 이 어린 왕자를 지켜 주겠다."

노예는 해신의 목소리를 듣고 힘을 내어 해변에서 찾아낸 최초의 바위굴에 왕자를 눕혀둔 후 왕성으로 돌아갔다.

"벌써 마치고 온 것인가?"라고 왕은 물었다.

"모두 명령대로 했습니다. 왕자는 이제 캬이 브로롱의 나라에 있습니다."라고 노예는 왕 앞에서 무릎 꿇고 해신에게 들은 대로 반복하였다.

"좋다, 물러나라."라고 왕은 명하였다.

다음날 문당 왕기이왕의 성내는 깊은 슬픔에 쌓여 있었다. 잠에서 깨어났을 때, 왕자의 분실을 알아차린 왕자의 어머니 라투(첫째 왕비)는 무시무시한 경악의 충동을 받아 이윽고 격렬한 발열을 일으키고 그날 밤에 죽었다.

문당 왕기이왕은 얼마 지나자, 죽은 왕비에 일도, 또한 완전히 죽었다고 굳게 생각하고 있었던 왕자의 일도 죄다 잊어버렸다. 그리고 반년이 채 지나기 전에 포죠지오랑 왕녀를 비로 맞이하여 그사이에 두 왕자를 낳았다.

문당 왕기이왕과 신왕비 사이에 생긴 장자를 라덴 톤도랑이라 하고, 차남을 아루지요 보본강이라 명명하였다. 그리고 왕은 이 두 왕자를 몹시도 자랑하고, 첫 번째 왕자는 이미 이 세상에 없기 때문에 자신의 운명에 대해서도 완전히 안심하고 있었다.

그러나 해신 캬이 브로롱이 남해안에 버려진 왕자를 그 후 정직한 한 어부에게 내려준 것을 문당 왕기이왕은 조금도 알지 못하고 있었다. 그 정직한 어부는 이미 오랫동안 아이가 없었기 때문에 범천(梵天)신에게 아이를 내려줄 것을 기도하고 있었는데, 해신은 이것을 알고 신력(神力)을 가지고 어부를 해변의 바위굴에 인도하였던 것이다.

마침 어부가 왔을 때, 어린 왕자는 계속하여 울기 시작하였다.

어부는 바위굴 앞에 왔을 때, 신기한 아이의 울음소리를 듣고 귀를 기울였는데, 그 목소리가 모두 바위굴 안에서 새어나오고 있음을 알았다.

"뭔가 바닷새인가."라고 그는 중얼거렸다. 그러나 뭔가 눈에 보이지 않은 힘에 쭉쭉 끌려가 바위굴 안으로 들어갔다.

바위굴 안은 매우 어두웠는데 돌연 찾아온 침입자로 가만히 있던 올빼미는 놀라고, 또한 박쥐는 동굴 천정을 떠나 이상한 소리를 내며 날아다녔다. 그러나 어부의 눈이 점차 주위의 어두움에 익숙해졌을 때, 그는 부드러운 해초의 깔개 위에 누워있는 어린 왕자를 발견하였다.

멋진 의류에 싸인 막 태어난 아이를 찾아낸 어부는 크게 놀랐지만, 그 환희는 한층 컸다.

"범천이 내려주셨다."라고 어부는 중얼거렸다. "범천의 광대한 힘이다. 아, 은혜 깊은 범천, 창조의 신이시여."

그리고 어부는 조용하게 왕자를 사롱(sarong)에 싸서 안아 올리고 매우 주의 깊게 자신의 오두막집으로 데려갔다.

그때 어부의 아내, 로스로는 오두막집 앞에 있었는데 남편이 한 발짝씩 조심스레 걸으면서 돌아오는 것을 보고, 뭔가 병에 걸린 것이 아닌가라고 걱정하였다. 그렇기 때문에 그녀는 남편을 맞이하여 멀리서 "어떤 일이에요, 카이몽."이라고 불렀다.

"아이야, 갓난아이야!"라고 어부는 외쳤다. "범천이 내려 주신 아들이야!"

아내인 로스로는 처음에는 남편이 말하는 바를 전혀 이해하기 어려웠지만 남편이 가까이에 왔을 때 훌륭한 백색의 왕자를 보고 마찬가지로 기쁨을 소리를 질렀다.

"오, 아이예요. 정말로 범천이 내리셨다. 우리들 부부의 소원을 들어주셨음에 틀림이 없어요." 이렇게 문당 왕기이왕의 첫째 왕자는 정직한 어부 카이몽과 드문 선녀(善女)인 로스로의 양자가 되었다.

×   ×

오랜 세월이 지났다.

문당 왕기이왕은 이미 노년이 되었는데, 역시 옛날의 잔인한 성질은 그치지 않았고, 두 왕자인 톤도랑와 보본강도 또한 거칠고 난폭한 청년 왕자가 되었다. 특히 톤도랑은 청년이 되기에 이르러 잔인한 성질이 부왕에 흡사해졌다.

그러나 어부 카이몽에 거두어져 자란 첫째 왕자는 온유, 선량하고 사람들에게 친절하고 더구나 미남이었기 때문에 세상 사람들은 그를 '범천신이 점지해 주신 아이'라고 부르고 있었다.

"그는 어딘가 이름 있는 왕의 혈통을 이어받은 사람임에 틀림없어."라고 카이몽도 그 아내에게 속삭이는 일도 이따금 있었다. "자 보아, 저 하얀 피부를, 흡사 귀공자야. 게다가 고상하기까지 하잖아. 꼭 누군가 적이 있어서 그를 양친 곁에서 훔쳐내어 저 해변의 바위굴에 숨겼음에 틀림없어. 언젠가 그의 소성을 알 때가 올 거야."

"만약 그렇게 된다면 저 아이는 빼앗기게 되겠죠."라고 선량한 아내인 로스로는 커다란 한숨을 지었다.

자라는 아이의 혈통이 끊임없이 마음에 걸려 견딜 수 없었던 어부 카이몽은 마침내 어느 날 "아무래도 마음에 걸려. 그가 정말 왕의 혈통인지 아닌지 성자에게 물어보자."라고 생각을 정하고 근처 숲속에 사는 성자가 있는 곳으로 갔다. 그리고 카이몽은 성자를 방문한 취지를 말하였다. 그러나 성자는 "너희들이 키운 아이를 보죠지오랑으로 여행을 떠나게 하라. 그리고 대장장이 기술을 배우게 하는 게 좋다. 나는 지금 이 이상 어떤 것도 너에게 알릴 수는 없다."라고 말한 것 외에 키운 아이의 혈통에 대해서는 한마디도 하지 않았다.

카이몽은 성자의 말을 따라서 수일 후에 왕자를 데리고 보죠지오랑 왕국의 왕실 부설 단련소의 문을 두들겼다. 이 커다란 단련소에는 많은 기술가들이 철과 동철, 그 위에 귀금속류의 야금(冶金)을 하고 있었다. 어부인 젊은이는 이 단련소의 가장 숙련된 한 사람에 붙어 기술을 배우기 시작하였는데 이윽고 그는 이 기술에 매우 적합한 재능을 가지고 있다는 게 명백해졌기 때문에 카이몽도 역시 이 아이가 왕가의 혈통임에 틀림이 없다는 확신을 굳혔다.

2, 3년 안에 문당 왕기이의 첫째 왕자는 이 왕실 야금소 대장장이 중 최고 관리가 되어 그의 야금 묘기는 근린 제왕국에서 평판 받을 정도로 유명해졌다. 문당 왕기이왕도 보죠지오랑 왕실 부속 대장장이 우두머리의 유명한 이야기를 듣고, 또한 그 기술가가 단련한 인검(刃劍)과 호랑이 우리를 보았을 때, 저 왕실 부속 대장장이 우두머리로부터 한층 정교하게 단련한 호랑이 우리를 얻고 싶다고 생각하였다. 어느 날 그는 이 희망을 가지고 멀리 그의 나라에서 보죠지오랑

왕국으로 여행을 떠나왔다.

마침 문당 왕기이왕이 가마를 타고 도착했을 때, 대장장이 우두머리는 호랑이 생포에 사용하는 철로 된 견고한 우리의 단련으로 바빴다. 왕은 대장간에 들어와서 처음으로 대장장이 우두머리를 보았을 때, 불꽃에 비쳐 붉게 빛나고 생생해 보이는 젊은 미남 대장장이 우두머리가 죽은 첫째 왕비의 얼굴과 완전히 닮아 있음을 보고 자신도 모르게 소리를 지르려고 했을 정도로 놀라고 일종의 공포에 휩싸였다. 그러나 왕은 곧바로 평정을 되찾아 철 우리를 단련하고 있는 대장장이 우두머리의 옆에 다가가 물었다.

"대장장이 우두머리, 너의 이름은 무엇이라 하는가? 너의 부모는 역시 고위(高位)에 있었던 자인가? 그리고 부모의 손을 거쳐 이 왕실 야금소에 시중드는 신분이 되었는가?"

"왕의 말씀이기는 하지만 지금 저는 말씀드릴 수가 없습니다."라고 젊은이는 왕에 대해 공손한 어조로 대답하였다.

"저는 고아였습니다. 마침 막 태어나 남해안의 바위굴에 버려졌던 것을 어부인 카이몽이 주워서 자랐습니다. 나는 카이몽을 '아버지'라고 부르고 있습니다. 그리고 진정으로 어머니처럼 나를 기른 카이몽의 아내, 선량한 로스로를 '어머니'라고 부르고 있습니다."

"아니 알았다. 더 말하지 않아도 좋다."

왕은 이 신상의 이야기를 듣고 한층 황급해졌다. 그리고 안절부절 못하며 그 자리를 떠나 가마를 타고 매우 서둘러 돌아갈 것을 노예에게 명하였다. 왕은 그날 밤이 새기 전에 자신의 왕성(王城)으로 돌아가 도착하기 위해 서둘렀다.

왕은 미명(未明) 가까이에 왕성에 도착했지만 돌아오자마자 곧바로 먼 옛날 막 내어난 왕자를 남해안 바다에 던지도록 명령하였던 노예를 불러들였다. 부름을 받은 노예는 왕의 앞에 무릎을 꿇고 경외하였다. 그렇지만 옛날과 달리 백발이 자라고, 혹독하게 부림을 당하여 완전히 지쳐 보였다. 왕은 노예를 노려보며 준엄한 어조로 말하였다.

"너는 나의 명령을 틀림없이 이행하였는가? 20여 년 옛날이지만 내가 명령한 것처럼 너는 저 왕자를 죽여 바다에 던졌는가?"

"저는 왕자를 안고 남해안으로 갔습니다."라고 늙은 노예는 이미 떨며 대답하였다. "그러나 저에게는 그 일에 착수하는 것이 불가능했습니다. 저는 곤혹스러운 끝에 캬이 브로롱에게 탄원 드렸더니, 그……"

늙은 노예가 여전히 계속하려고 했을 때, 우레와 같은 왕의 울화통이 터졌다.

그리고 왕의 깨진 종과 같은 소리가 늙은 노예 위에 떨어졌다.

"그 캬이 브로롱이 어부에게 왕자를 줍게 하여 그 어부가 왕자를 가지고 간 것이다!"

왕은 곧바로 다른 젊은 노예를 불러, 늙은 노예를 곧 사죄(死罪)시키라고 명령하였다. 그리고 분노에 찬 쉰 목소리로 말하였다.

"깊이 명심해 두어라. 모두 나의 목숨에 반한 자는 이놈의 운명이 될 것이다!"

죽음을 선고받은 늙은 노예는 슬퍼할 거라는 예상과는 달리, 흡사 그가 애타게 기다리고 있었던 사형을 선고받은 것처럼 그는 왕에게 깊이 감사하였다. 늙은 노예는 그만큼 노쇠와 피로로 인해 삶보다 죽음을 바라고 있었던 것이다. 일각도 빨리 이 노예의 생애를 끝내고 싶다고 바라고 있었다. 그렇기 때문에 영원한 안식은 왕에 대한 늙은 노예의 충성과 존경에 보답 받은 마지막 상이었던 것이다.

당장 늙은 노예는 기뻐하며 젊은 노예 뒤를 따라가 모든 고난인 이 세상을 마쳤다.

문당 왕기이왕은 이제 늙은 노예로부터 조금도 두려움을 느끼지 않게 되자, 이번에는 어부인 카이몽을 불러들이도록 명령하고 여러 명의 노예와 가마를 보내 그 가마를 타고 곧바로 왕성에 출두하도록 전달하였다. 왕은 어부를 태운 가마가 돌아와 도착하는 것을 보기까지 매일 초조하게 실내를 이쪽으로 갔다가 저쪽으로 갔다가 하며 조급해하였다. 그리고 어부가 왕 앞에 나와 넙죽 엎드리자마자 문당 왕기이왕은 말하기 시작하였다.

"네가 어부인가? 진실을 말하거라. 너는 저 젊은이를 어디에서 발견하여 왕자로서 키운 것인가? 또한 어째서 너는 그의 혈통을 알고 있었던 것인가?"

"왕이시여, 나는 그의 소성은 아무것도 알지 못합니다. 단지 나는 막 태어난 유아가 바위굴 속에서 굶주려 울고 있는 것을 발견했을 뿐입니다."라고 어부는 두려워하면서 대답하였다. "멋진 대장부인 듯한 아이였지만 색이 하얀 것이 고귀한 태생이라는 증거는 아닙니다. 왕이시여, 그렇기 때문에 나는 그를 키웠습니다. 그는……"

"너는 단지 어부이면서 저 젊은이의 혈통을 아무것도 모르고 어째서 대장장이 우두머리로 교육시켰는가?"라고 문당 왕기이왕은 버릇없이 압박하였다. "그리고 단지 그의 피부가 너보다 하얗다고 하는 것만으로도 그가 고귀한 태생이라는 확실한 증거가 아닌가. 그의 정맥으로부터 나오는 피의 색은 흰 느낌을 가지고 있지 않은 것인가, 그와 같은 비천한 자가 또 있겠는가."

"그것은 확실합니다. 왕이시여."라고 어부도 동의하였다. "그러나 저는 아직까지 저가 키운 아이의 소성을 조금도 알지 못합니다. 그렇지만 저 색이 하얀 것뿐만 아니라, 그의 태도에는 마치 왕과 같은 곳이 보입니다. 그리고 거의 행동 하나하나는 그의 태생을 너무나 잘 나타내고 있습니다. …… 그리고 어른이 되고 나서도 그의 명령과 목소리에 그러한 고귀함이 보입니다. ……"

문당 왕기이왕은 재차 어부를 경멸하는 듯한 어조로 말하였다.

"나는 최근 저 대장장이 우두머리에게 우리를 주문하기 위해 방문해 만났지만, 왕의 혈족일 듯한 모습은 특별히 어디에도 보이지 않았다. 자, 너는 빨리 마을로 돌아가 네가 좋아하는 터무니없는 이야기를 하고 있는 게 좋겠어."

어부는 왕에게 합장의 배례를 하고 물러나 마을로 돌아갔다. 그러나 카이몽은 오늘 왕의 태도가 이상한 수수께끼처럼 이해할 수 없었다. 왕이 자기가 키운 아이의 양육에 대해 뭔가 관계가 있는 것인지, 단순한 카이몽에게는 아무것도 짐작이 가지 않았다. 그리고 집에 돌아가 아내인 로스로에게 그날의 이야기를 했지만 아내도 이해할 수 없었다.

"당신, 잠시 성자가 있는 곳에 가서 상담해 보는 게 가장 좋아요." 라고 아내는 남편에게 조언하였다. "카두 왕국의 성자는 매우 유명하기 때문에 왕이 왜 우리 아이에 대해 그렇게 물었는지, 꼭 알 수 있을 거예요."

그다음 날, 어부 카이몽은 마을에서 2, 3일의 여행을 하여 성자를 방문하기 위해 카두 왕국으로 갔다. 그 왕국의 한 사원 바위굴에 심상치 않은 노인으로 경건한 현성(賢聖)의 성자가 살고 있었다. 우연히도 그 성자는 이전에 문당 왕기이왕을 향해 왕의 첫째 왕자가 성장하여 왕을 죽일 것이라고 하는 무시무시한 예언을 한 성자와 같은 사람이었다. 이 불길한 예언을 했기 때문에 성자는 왕에게 쫓겨나, 그때 이래 카두 왕국으로 흘러와 그 사원에 살았던 것이다.

그러나 어부 카이몽은 과거의 일은 조금도 알지 못하고 성자를 방문하여 남해안 어촌으로부터 왔으며 지금까지 일어난 일을 숨김없이 말한 후에, 왜 자신을 불러, 더구나 한촌의 한 어부에 지나지 않은 카이몽에게 가마까지 보냈는지, 그 이유를 이해하지 못하겠다고 말하였다.

"성자님, 이 일은 나에게 있어서 명예로운 일입니까?"라고 어부는 질문하였다. "그리고 왕은 어째서 그렇게 내가 기른 아이에 대해 듣고 싶어하는 것일까요? 내 아내도 나도 그 까닭을 조금도 알 수 없습니다. 그렇기 때문에 나는 일부러 멀리 당신을 방문해 왔습니다. 그리고 나중에 생각이 미쳤는데, 문당 왕기이왕의 목소리는 내 양자의 목소리와 매우 흡사했습니다. 또 왕은 대장장이 우두머리의 대범한 태도를 몹시 걱정하고 있었습니다. 생각하건대, 내 양자는 왕과 여자 노예 사이에 생긴 아이가 아닐까요? 그렇기 때문에 그 아이는 바위굴 안에 옮겨져 그곳에서 살해당할 것이지 않았는지요? 성자님, 이러한 나의 상상이 진짜인지 아닌지, 당신의 생각을 들려주십시오."

"자 이 암자에서 휴식하게 좋아." 성직자는 말하였다. "맛있지는
않지만 내 정진요리를 당신에게도 나눠주겠다. 먼 여행을 하고 온
거니까 당신도 지친 것이 났고 배가 충분히 부르면, 왜 문당 왕기이왕
이 너의 아이를 그렇게 물었는지 내가 점쳐 주지."

이 성자의 따뜻한 말을 따라서 2일간 성자의 바위굴에 체류하였는
데, 그 2일째 밤 성자는 어부에게 말하였다.

"카이몽, 수수께끼는 풀렸다. 미풍이 내 바람에 속삭이며 대답하였
다. 올빼미와 길흉을 점치는 새는 나에게 외치고, 또 신성한 숲속 비
둘기는 사랑스러운 우물거리는 소리로 나에게 말하였으며, 더욱이
내가 피운 비약초(秘藥草) 연기의 소용돌이는 공간에 문자를 그리며
문당 왕기이왕이 첫째 왕자를 남해안에 옮긴 것을 말하였다. 옛날
내가 왕의 첫째 왕자가 나중에 아버지를 죽일 것이라고 예언했기 때
문에 왕은 그 첫째 왕자를 두려워하여 죽이려고 한 것이다. 노예가
사살자의 역할을 명령받았지만, 노예는 이것을 할 수 없어서 왕자를
바위굴 속에 눕혀두고 돌아간 것이다. 그렇기 때문에 너의 아이는
여자 노예가 낳은 게 아니다. 아니 보죠지오랑 왕실 대장장이 우두머
리는 문당 왕기이왕과 최초의 왕비 라투 스도루노 안데이노 사이에
태어난 왕자이며, 따라서 왕위 후계자이다. 그러나 이것을 입에 내어
서는 안 된다. 어떤 일도 시기가 매듭지을 때까지 기다리는 게 좋다.
왜냐하면, 네가 기른 아이의 배다른 동생 톤도랑은 부왕 문당 왕기이
와 마찬가지로 잔인한 권력자이다. 그렇기 때문에 네가 기른 아이를
조심하게 하는 게 좋아. 나도 이 외에는 아무것도 말할 수 없어. 그러
나 이것만은 가르쳐 두지. 마을로 돌아가면 곧바로 보죠지오랑에 가

서 너의 사랑하는 아이에게 마음을 쓰는 일이다."

어부가 보죠지오랑으로 향해 출발한 것은 문당 왕기이왕이 이제 보죠지오랑의 대장장이 우두머리가 확실히 첫째 왕자인 것을 알고, 이를 제거할 수단을 궁리했을 때보다 다소 늦었다. 왕은 그때 어떤 음험한 수단을 생각해낸 것이다.

그리고 어느 날 왕은 재차 보죠지오랑의 왕실 야금소로 가마를 향했다. 마침 그때, 대장장이 우두머리는 호랑이 우리의 마지막 장식을 입히고 있었다.

왕은 성큼성큼 대장장 안으로 들어가 친숙한 어조로 말하기 시작하였다.

"대장장이 우두머리, 변함없이 힘써 일하는군."

"왕이십니까? 안녕하십니까?"라고 대장장이 우두머리도 말을 받았다.

"나는 그 우리를 양도해 받을 수 있는지 아닌지를 물으러 왔다. 나는 두 마리의 호랑이를 넣고 싶다고 생각하는데 괜찮을까?"

"열 마리 호랑이가 들어가더라도 이 철책을 휘게 할 수 없습니다."라고 대장장이 우두머리는 미소지었다. "그러나 매입을 정하기 전에 그쪽이 한 번 더 내부에 들어가 철책과 배후의 철벽의 상태를 잘 조사해 보았으면 한다. 호랑이가 얼마나 흉맹할지 모르고 또한 곧바로 불행이라도 일어난다면 후회가 남을 것이다. 그렇기 때문에 내부에 들어가 그 강도를 조사해 보라."

대장장이 우두머리는 이 왕의 희망을 거절할 성질이 아니라고 생각했기 때문에 이제 더욱 상세하게 조사하기 위해 우리 안으로 들어

가려고 했지만, 마침 그때 어부인 카이몽은 야금소에 서둘러 도착하
였다. 그리고 어부는 기른 아이가 이제 막 위험에 빠지려고 하는 그
자리의 광경을 보고 곧바로 자기 아이의 옆으로 달려가 빠른 말로
밀담을 하였다.

"들어가서는 안 된다! 왕은 너에게 나쁜 모략을 하고 있어. 들어간
다면 우선 왕을 먼저 들어가게 하고 함께 들어가라!"

"이 노인, 당신은 무엇을 말하러 온 것인가?"라고 문당 왕기이왕은
딱딱거리며 어부에게 고함을 질렀다. "이곳은 왕 앞이다. 누가 당신
을 불렀는지, 나는 언제든 너를 사형시키라고 명령할 수 있다는 것을
모르는가. 빨리 물러나라!"

그리고 왕은 말을 부드럽게 하며 대장장이 우두머리에게 말하였다.

"쓸데없는 녀석이 왔다. 자 그쪽은 빨리 들어가 내부를 조사해 보라."

"그러나 왕이시여, 당신은 걸쇠가 얼마나 튼튼하고 또한 이 빗장이
얼마나 강한지를 아직 잘 모르십니다. 우선 처음에 왕이 들어가 보십
시오."라고 대장장이 우두머리가 웃었다.

"그 걸쇠는 어디에 있는가."라고 왕은 물었다.

"우리 속에 있습니다. 그리고 빗장이 얼마나 용이하게 열리는지를
스스로 시험해 보시면 가장 잘 알 수 있습니다."

"좋다. 내가 내부를 조사할 것이다. 나를 우리 안에 밀어 올려라."
라고 왕은 가까이에 있었던 노예에게 명령하였다.

노예가 왕의 옆 가까이에 다가왔을 때, 카이몽은 이상한 긴장감을
가지고 자세를 갖추었다. 그리고 왕이 우리 안으로 들어간 순간, 몸
을 날려 우리 입구에 달려들어 철책 문짝을 닫으며 빗장을 내리고

그곳에 걸쇠를 걸어 버렸다. 그러한 카이몽은 두려워 떨고 있는 노예
들에게 엄연하게 말하였다.

"이 우리와 더불어 너희들 왕을 남해안으로 옮기라! 이것은 왕의
신민 모두의 희망을 만족시키는 일이다. 너희들은 이 역할을 완수한
후에는 자유의 몸으로 해방하여 각각 은상을 줄 것이다."

처음에 노예들은 야금소 밖에 왕을 수호하며 기다리고 있는 가신
들을 두려워하여 카이몽의 명령에 따르는 것을 주저하였다. 그러나
카이몽이 조금도 가신을 두려워하지 않아도 된다고 증언하였기 때문
에 평소 왕의 폭학(暴虐)에 분노하고 있었던 노예들은 마침내 왕을
넣은 우리를 지고, 카이몽이 명하는 길을 따라서 이전에 해신 캬이
브로롱이 늙은 노예에게 명령하여 막 태어난 첫째 왕자를 눕혀둔 남
해안의 바위굴로 향했다.

문당 왕기이왕은 분노와 자신의 운명이 요즘 주의하고 있었던 어
부 수중에 들어간 두려움으로 우리 안에서 발버둥 치며 거칠어졌다.

왕은 또한 외쳤다.

"야, 나를 풀어라. 그쪽은 나의 충복이 아닌가. 이 어부가 명령하는
것에는 상관치 말라. 나는 그쪽의 왕이다. 은상을 산처럼 쌓아 주겠
다. 또한 그 쪽에게 자유를 주겠다. 그쪽이 자유롭게 된다면 생각대
로 살 수 있지 않은가."

그러나 노예들은 왕의 잔인 폭학을 잘 알고 있었기 때문에 왕이
명령에는 따르지 않고 오로지 어부가 명령하는 대로 움직였다.

그리고 드디어 우리가 남해안의 바위굴로 옮겨졌을 때, 어부는 노
예들에게 말하였다. "모두 들어라. 지금부터 자유민이 되었다." 그리

고 더욱이 문당 왕기이왕을 향해 말하였다. "처음에 태어난 아이를 노예에게 죽이게 하고, 바다에 던지게 만들려고 한 잔인한 아버지는 누구였던가. 문당 왕기이왕, 그대는 아버지를 알고 있는가?"

왕은 격노로 인해 말을 할 수 없었기 때문에 그 물음에 답할 수 없었다.

그러나 그때, 왕의 명령으로 사살된 충실한 늙은 노예의 아들인 젊은 한 노예가 말하였다. "저 잔인한 아버지는 문당 왕기이왕 그 자입니다. 왕은 저의 아버지에게 첫째 왕자를 건넨 후, '카리오, 너는 오늘 밤 중에 이 왕자를 남해안에 옮겨 죽인 다음, 바다에 버려라!'라고 명령했습니다. 아버지는 어린 왕자를 안고 남해안에 갔지만 왕자를 죽일 수 없어서 어떻게 하면 좋을지 고민한 끝에, 해신 캬이 브로롱에게 조언을 간청하였다. 그러자 해신이 나타나, '너의 왕처럼 잔인하지 않은 노예여, 어린아이는 그 해변의 첫째 바위굴에 눕혀두고 가라.'고 알렸기 때문에 아버지는 그대로 했던 것입니다."

"그렇다, 그 어린아이를 내가 여기에서 발견하여 내 아이처럼 길렀다."라고 어부는 말하였다. 그리고 다시 왕 쪽을 향해 말하였다. "그런데 재차 만난 친자를 이 우리 안에 유폐하여 왕성으로 옮긴 후 호랑이 먹이로 하려고 한 것은 누구인가?"

"그것도 문당 왕기이왕이다."라고 재차 노예가 외쳤다.

왕의 분노는 이제 두 눈을 향해 거품을 내뿜고, 처참한 형상으로 변했지만, 한 마디도 말할 수 없었고 단지 뱀과 같은 숨을 내뱉고 호랑이와 같이 으르렁거리며 아우성치고 있는 동안 이윽고 맥없이 쓰러져 조용해지더니 마침내 무시무시한 분노로 인해 흐느껴 울다

질식하였다.

이제 대장장이 우두머리는 양부의 권유에 의해 그 이름도 와로노로 고치고 왕위계승의 권리를 선언하였다. 그렇기 때문에 그는 두 명의 배다른 동생 라덴 톤도랑과 아루지요 보본강을 왕성으로부터 쫓아내지 않으면 안 되었다. 이에 따라 내란이 일어났고 와로노는 그 전쟁에서 승리하였다. 그러나 톤도랑은 그 후 무수한 병사를 모아 복수전을 시도하였을 때, 와로노 왕자는 병사가 적어서 패했기 때문에 그의 통치는 길게 이어지지 않았다.

싸움에서 진 왕자는 양부와 소수의 노예를 동반하여 멀리 떨어진 숲에 숨었지만, 그 숲에는 거의 과일이 없었다. 단지 마자(maja)²라고 부르며 맛이 매우 쓴 과일만이 열려 있었다. 와로노 왕자와 부하는 오랫동안, 이 쓴 과일을 먹으며 허기를 참고 견디었다.

이윽고 와로노 왕자는 이 숲에 도시를 개척하고 마자파힛이라고 명명하였다. 그것은 파이트(pait, 쓴) 마자(maja) 열매 외에 아무것도 없고 그 열매로 굶주림을 풀었던 사실로부터 가져와 이름 붙인 것이다.

이렇게 하여 13세기 중반부터 마자파힛의 도시는 번영하여 나중에 유명한 섭정 도모루·우랑을 배출하였다. 그러나 지금부터 수백 년

....

2 벨(Bael) 나무나 열매를 가리킨다. 인도 및 방글라데시가 원산지이며 쌍떡잎식물 무환자나무목 운향과에 속한다. 벨 열매는 잼이나 주스, 마멀레이드 등은 물론 인도의 인기 있는 음료수인 샤르바트(Sharbat)의 재료로 쓰인다. 벨 나무는 힌두교 경전과 고대 인도의 브라만교 성전 중 하나인 『야주르베다(Yajurveda)』에도 자주 언급되는 신성시되는 나무로서 사원의 정원에서 주로 재배된다. 벨 잎은 전통적으로 시바 신에게 바치는 성스러운 제물로 취급된다.

전에 마자파힛의 도시는 멸망하였다. 그것은 1478년에 회교도의 왕 라덴 쿠센(Raden Kusen)과 판게란 쿠두스(Pangeran Kudus)가 일어나 마자파힛 왕조를 정복하고 대약탈을 행한 후 재차 폐허로 변하고 말았다. 그때에는 이제 마자라는 나무조차 볼 수 없었던 것이다.

그러나 이전에 한번 인도교 시대에 번영한 도시의 폐허는 지금도 여전히 마자케르트(동부 자바) 부근에 과거의 꿈 깊이 가로놓여 있다.

다음은 '초목에 관한 이야기'로 「성목 와링인 이야기」를 선택해 보도록 하겠다.

성목(聖木) 와링인(Waringin) 이야기(聖木榕樹物語)

예전에 자바의 권세 뛰어난 대왕국을 통치하는 왕으로 쿰란 데이노죠라고 하는 왕이 있었는데, 왕에게는 정비(正妃) 외에 몇 명인가 측실과 수많은 왕자와 왕녀가 있었다. 그 장남을 조모조조오라고 불렀다. 장남은 신들 중 한 명인 듯 미남이며 싱싱한 야자처럼 늘씬하고, 어린 사슴처럼 유연하고 또한 민첩하며, 대왕 호랑이와 같은 강한 힘과 호용(豪勇)을 가지고 있었다. 그리고 숲속 비둘기처럼 유순하고 또한 고귀한 태생의 말처럼 신의가 두터웠다. 그는 또한 모든 사람들에 대해 선량하고 친구처럼 친숙하게 대하였다. 그렇기 때문에 그는 왕의 가신 일동으로부터 사랑을 받고 조모조조오 왕자를 보면 누구나 마음으로부터 환영하고 흡사 신이라고 되는 것처럼 그 앞에 무룹을 꿇고 배례하는 것이었다.

그러나 사람들 중에 단지 한 명이 왕자를 미워하고 싫어하는 자가 있었다. 그것은 쿰란 데이노죠왕의 두 번째 왕비였다. 두 번째 왕비 안도노에게도 한 명의 왕자가 있었다. 그렇기 때문에 그녀의 마음에 질투의 불길이 사라지지 않았다. 그녀는 조모조조오 왕자가 언젠가 노왕의 후위를 계승할 것이라는 점, 또한 그가 라투 불오도데이 정비의 왕자이며 따라서 이 대왕국을 언젠가 통치할 것이라는 점을 알고 있었다. 그때는 그녀도 그녀의 왕자도 무용한 자로서 왕국으로부터 쫓겨날 것이며 게다가 대왕도 이미 상당한 노년이라고, 두 번째 왕비의 마음은 타올랐다.

안도노왕비는 정비보다 아름답고 또한 다른 측실 누구보다 아름다우며, 누구보다도 농간에 뛰어났다. 노왕이 측실의 안채를 방문할 때에는 그녀는 감언으로 왕을 맞이하였다. 잘 물든 과일 같은 살색을 하고, 벨벳처럼 폭신하고 부드러운 가는 양팔은 노왕의 목에 휘감기고, 옻칠의 광택처럼 빛나는 눈은 요염한 추파를 던지며 유혹하고 동시에 무희처럼 간드러지게 허리를 흔들며 왕에 다가와 시리(빈랑[檳榔]나무의 과실) 함을 내미는 것이었다. 그렇기 때문에 두 번째 왕비에 대한 왕의 총애는 점점 긴밀해지고 그녀가 부드럽게 아양 떠는 목소리를 내며 탄원할 때마다, 왕은 고가의 장신구와 아름다운 견직물을 주었다.

왕의 혼이 다른 측실보다 안도노에게 더욱 매혹되고 있었을 때의 어느 날, 왕은 한층 요염한 그녀의 미태(媚態)를 구하기 위해 말했다.

"어제 아라비아인 한 명이 고가의 보석이 들어간 팔찌를 나에게 보였는데, 당신이 바란다면 당신에게는 어울리는 물건이라고 생각하는데."

그때 매혹적인 웃음을 참으며 왕비는 머리를 조용히 흔들며, 왕의 귀에 작은 샘물이 내는 듯이 부드럽고 산들산들 울리는 목소리로 대답하였다.

"아니요. 상감, 오늘 저는 고귀한 보석은 가지고 싶지 않습니다. 그 대신 단 하나의 바람이 있습니다."

"그 바람이란 무엇인가, 말해 보거라."

그때 왕비는 그녀의 눈에 전신의 아양과 매력을 품게 하여 왕을 황홀하게 만들었다.

"저, 제 바람이라고 하는 것은 …… 제 왕자 라덴 사미지양에게 이 왕국을 한번 통치시키고 싶다는 것입니다."

"그러나 그것은 황태자 조모조조오가 살아있는 동안은 도저히 불가능한 일이 아닌가? 만약 내 서자가 왕위를 계승한다면 라투(정비)는 뭐라고 하겠는가?"

"그렇지만 저는 상감의 마음속에서는 첫 번째 왕비가 아닙니까?"라고 안도노는 한층 요염한 아양을 부렸다.

"그건 당신이 말하는 대로다."

왕비는 이미 왕의 마음이 자기 쪽으로 기울었다고 생각하였다.

왕의 마음에 약한 모습이 움직이는 것을 보고 농간이 좋은 두 번째 왕비는 열심히 역설하기 시작하였다.

"그렇다면 조모조조오 왕자에게 깊숙한 산에서 칩거하도록 명하십시오. 그리고 왕자에게 악의를 품고 독으로 왕자를 독살하려고 꾸미

고 있는 가신이 있어서 왕자의 목숨을 위협하고 있기 때문에 영원히
산속에서 칩거하라고 분부하십시오. 그러면 왕자는 두려워 산속으로
가겠지요. 왜냐하면, 만약 조모조조오 왕자가 언제까지나 이 왕실에
머물면 이윽고 국민들은 아마 대왕의 등이 굽고 근육이 풀리기 전에,
상감의 퇴위를 요구할 겁니다. 그러면 조모조조오 왕자는 모두 소첩
들을 지배하고 또한 상감의 총애자를 추방하실 겁니다. 그때는 총애
를 한몸에 받고 있는 이 안도노도 이미 상감 옆에 있을 수 없습니다.
이점을 잘 생각해 주십시오, 상감……"

미녀의 검게 빛나는 눈은 탐색하듯이 왕의 안색에 쏟아짐과 더불
어 그 사랑스러운 두 손으로 왕의 주름투성이의 두 볼을 잡고, 자신의
얼굴을 가까이 대고 부드럽게 물었다.

"임금님, 어떻게 생각하십니까?"

이 대왕국의 위대한 지배자인 데이노죠왕은 저 어떠한 대적도 무
서워하지 않았고, 또한 팔에는 50개 이상의 화살을 받고, 검과 창,
어느 때에는 오로지 크리스(작은 칼)만을 가지고 적의 맹장을 베어 쓰
러뜨릴 정도로 강한 용기를 가지고 있었고 어떤 사람도 두려워하지
않았던 왕이었다. 그렇지만 이 미녀인 두 번째 왕비 앞에서는 왕의
심장은 이상하고 불안하게 떨리고 약해지는 것이었다. 하지만 지금
까지 왕은 수없이 두 번째 왕비의 탄원과 요구를 공평한 태도로 거부
해 왔지만 이때만은 이 미녀의 요구를 일언지하 거부할 수 없었다.
그리고 왕은 마침내 고개를 끄덕이고 나서 그녀에게 말하였다.

"나의 가장 사랑스러운 자의 말이다. 당신의 바람에 따를 것이다.
그리고 황태자 조모조조오는 왕국에서 추방하여, 나와 당신 사이에

태어난 왕자 라덴 사미지양에게 나의 사후에 왕위를 물려줄 것이다."

데이노죠왕이 정비 사이에 태어난 조모조조오를 불러낸 것은 그날 밤의 일이다. 중신도 더불어 부름을 받았다. 그리고 왕은 어떤 자들이 왕자를 죽이려고 음모를 꾸미고 있음을 들었기 때문에, 왕자는 이제부터 산속에 숨어 칩거하지 않으면 안 된다고 왕자에게 명하였다. 이를 듣고 조모조조오 왕자는 탄원하였다.

"저를 이곳에 있도록 해 주십시오, 아버님. 저는 조금도 죽음을 두려워하지 않습니다."

"아니, 나는 오로지 네가 내 희망에 유순함을 바랄 뿐이다."라고 왕은 매정하게 말하였다.

이 말과 더불어 이제 조모조조오의 운명은 결정되어 버렸던 것이다.

국가의 중신과 그 외의 가신 일동은 모두, 선량 고귀하고 용감한 왕자와 이제 결별하지 않으면 안 되었기 때문에 한탄하지 않는 자는 없었다.

그런데 그 누구보다 한탄한 것은 조모조조오의 젊고 아름다운 아내 쿠스모였다. 그때 왕자는 아내를 위로하며 말하였다.

"쿠스모, 나는 만족하며 기뻐하고 있다. 내가 이곳을 떠나는 것은 아버지인 데이노죠왕의 의지인 것이다. 나는 아버지의 의지에 반항하여, 아니요 저는 왕국에 머물겠습니다, 그리고 아버님의 사후 왕국을 통치하겠습니다 라고 말하려고 하면 말 못 할 것도 없다. 그러나 그것은 우리들이 양친의 명령에 유순해야 한다는 전통을 파계하는 것이 아닌가. 쿠스모, 당신은 어떻게 생각하는가?"

"저도 역시 당신 아버님의 희망대로 하겠습니다. 그리고 저는 당신을 따라서 깊은 산속으로 가겠습니다."라고 젊은 아내는 쓸쓸하게 말하며 목소리를 낮추었다.

그리고 쿠스모는 계속하여 말하였다.

"당신도 저도 푸념처럼 중얼거리는 일은 하지 않을 겁니다. 그리고 저희들은 왜 아버님의 왕국에 머무는 일이 불가능한가요 라고 묻는 일은 하지 않을 겁니다. 아니요, 단지 아무것도 말하지 않고 저희들은 아버님의 분부에 따르지요. 흡사 어린 야자나무가 태풍의 노여움에 유순하듯이. 그리고 무슨 일이 일어나든 저희들의 사랑에는 변함이 없습니다. 당신이 가시는 곳으로 저도 따라가겠습니다."

"그러나 당신이 불쌍하다. 게다가 향리의 양친은 당신이 나를 따라서 산으로 들어간 것을 알면 얼마나 유감스러워할까?"

"쿠스모는 이제 와서 양친의 한탄에 귀를 기울이지 않습니다."라고 젊은 비는 대답하였다. "쿠스모는 오로지 남편의 목소리를 들을 뿐입니다. 그리고 대나무 그루터기나 바윗길이 발에서 흐르는 피로 물들어도 남편이 가는 길이라면 따라가겠습니다. 또한 쿠스모는 고개를 넘어가다 숲속의 나무열매로 허기를 풀고, 산속의 샘물로 갈증을 가라앉힐 각오도 있습니다."

"그러나 당신이 지쳤을 때, 우리들의 발밑에서 태양이 불과 같이 타는 것이 싫지 않은가?"라고 왕자는 물었다.

"그때는 숲 속의 시원한 야자 그늘에서 쉬도록 하죠. 잎에서 나는 미풍의 속삭임은 우리들이 잠자는 귀에 노래해 주겠지요."라고 비는 대답하였다.

"좋아, 그토록 생각한다면 나를 따라서 산으로 가도록 하자."라고 왕자는 말하였다.

조모조조오가 아내 가까이에 앉아 있었을 때, 회색 연기와 같은 모습이 왕자의 침실로 연기처럼 사라졌지만 아무도 알지 못하였다. 그것은 왕의 두 번째 왕비 안도노의 변장이었다. 그녀는 왕이 왕자를 추방하기로 결정한 것에 대해 나중에 후회하지 않을까라고 우려하였다. 그리고 그 결과는 자기가 낳은 왕자 라덴 사미지양이 왕위에 오를 수 없는 것이다. 그렇게 되어서는 안 된다. 그녀의 왕자는 대왕국의 왕이 되지 않으면 안 된다. 만약 황태자 조모조조오가 죽게 된다면 금후 내 아들 왕자가 왕위에 즉위했다고 하더라도 아무도 우리 아들을 쫓을 자는 없다고 그녀는 생각하였다. 그렇기 때문에 그녀는 첫 번째 왕자를 죽이기로 결심한 것이다. 그리고 왕자의 방에 몰래 들어가, 침대 옆의 돗자리 위에 놓여 있었던 물 주전자 속에 강력하지만 서서히 효력이 나타나는 독약을 여러 방물 떨어뜨린 후, 재차 왔을 때처럼 몰래 연기처럼 그곳에서 모습을 감추었다. 그날 밤, 왕자는 여느 때처럼 물주전자로 물을 마셨는데, 다음 날 아침 눈을 뜨고 침대에서 일어났을 때는 둔중한 느낌과 어지러움을 느꼈다. 그러나 왕자는 아무것도 말하지 않고, 또한 비에게도 아무 말도 하지 않았다.

2일 후, 조모조조오 왕자는 비를 데리고 왕국을 떠나 노예 한 명도 따르게 하지 않고 칩거해야 할 산지로 출발하였다. 왕자의 발병한 듯한 불쾌한 느낌은 점차 심해져 왔지만, 여전히 그는 젊은 비인 아내를 인도하면서 용감하게 걸었다. 그러나 지글지글 달구어 녹는 듯한 날, 마침 깊은 산협까지 왔을 때 왕자는 더 이상 걸을 수 없게 되었다. 그는 그곳에 쓰러지고 그리고 헐떡이며 청해 말하였다.

"아아, 나의 사랑하는 쿠스모여, 나는 더 이상 살아나지 못할 것 같다……"

왕자의 숨은 이미 끊어진 듯하다. 불쌍한 비는 매우 슬퍼하며 어쩔 줄을 몰랐다. 그녀는 죽은 남편의 몸 위에 엎드려 이미 차가워져 가는 양손을 붙잡고 있었지만, 이윽고 울며 젖은 눈을 들고 창공을 바라보며 신들의 가호를 기원하며 흐느껴 울었다.

"오, 위대한 전능의 신들이여. 저를 구해 주십시오, 저의 남편을 살려주십시오……"

쿠스모가 이렇게 탄원하자마자, 신들의 창공으로부터 부부의 수호신 코모 죠지오가 강림하여 마침 왕자가 누워있는 지상에 내려와 죽은 자를 조용히 바라보았다.

쿠스모의 눈은 눈물로 넘쳐났기 때문에 아무것도 보이지 않았다. 그러나 이윽고 쿠스모비는 코모 죠지오신의 신체를 에워싼 불가사의한 찬란한 빛을 알아차리고, 뒤이어 빛의 본체 쪽으로 눈을 치켜듦과 함께 그곳에 결혼의 행복을 가져오는 위대한 신이 강림한 것을 보았다. 그리고 쿠스모는 위대한 코모 죠지오의 얼굴이 몹시 슬퍼하고 있음을 느꼈다.

"아, 신덕(神德) 높은 코모 죠지오신이여, 당신은 결혼의 축복자이십니다. 저에게 한 번 더 행복을 주십시오. 제가 사랑하는 남편의 생명을 한 번 더 지상으로 되돌려 주십시오!"라고 쿠스모는 탄원하였다.

이 말을 듣자, 코모 죠지오의 얼굴이 한층 우울해졌다. 코모 죠지오에게는 죽은 자에게 생명을 부여하는 힘은 없었기 때문이다.

"나의 아름다운 왕비여."라고 코모 죠지오는 말하였다. "사악한 손이 그쪽 남편을 독해(毒害)한 것이다. 그러나 이 독의 작용을 없애는 힘은 어디에도 없다. 단지 나는 그쪽 남편을 오랫동안 이 지상에 살아남도록 할 것이다. 그러나 그것은 이제 인간으로서가 아니다. 아름다운, 위대한 수목으로서 이곳에 서 있을 것이다."

쿠스모는 처음에는 코모 죠지오의 말을 이해하지 못하였다. 그러나 그녀가 그것을 이해함과 동시에 죽어 거의 굳어진 남편의 몸이 높게 양팔을 뻗어 일어나고, 가느다란 송이와 같은 긴 머리카락은 어깨를 따라서 지상에 늘어뜨리는 것을 보았다. 놀라움은 그것뿐만 아니었다. 남편 몸은 전체적으로 조야한 목피(木皮)로 뒤덮이고, 마찬가지로 껍질로 뒤덮인 양팔로부터는 가지가 나와 일면에 아름다운 신록의 잎을 입혔다. 그때 지상에 늘어뜨리고 있었던 머리카락 송이가 검은색에서 회색으로 변하여 가느다란 뿌리가 되는 것을 보았다. 더욱이 남편의 발도 이제는 없었다. 그 발은 지하로 가라앉아 이 불가사의한 나무뿌리가 되었던 것이다. 쿠스모는 이제 그 나무 밑에 안겨 울었다. 그녀는 양팔을 나무줄기에 의지하여 그 위에 아름다운 눈물의 이마를 꽉 눌렀다. 그리고 쿠스모의 깊은 슬픔은 언제까지나 사라지지 않았다.

"이 혼이 없는 나무를 나는 어떻게 하면 좋을까요?"라고 쿠스모는 흐느껴 울며 말하였다.

"이 나무는 영혼이 없는 나무가 아니다." 바야흐로 코모 죠지오신은 말하기 시작하였다. "그쪽 남편은 신이 되었다. 그리고 모든 사람들은 이제부터 이 나무를 '신성한 와링인'이라고 부를 것이다. 신성한 정령은 와링인(용수)이 되어 영원히 지상에 이어질 것이다. 그는 자바의 전 지상에 그 씨를 널리 뿌려, 그 씨는 싹을 틔워 어디든 자랑스럽고 품격이 높은 큰 나무로 자랄 것이다. 그리고 도처에 작은 촌락의 구석까지 그 종류를 확산하여 성목(聖木) 와링인은 자바에 사는 모든 자의 존숭(尊崇)의 나무가 되어 제왕도 거지도 더불어 이 가지 아래에 신을 위해 공물을 바칠 것이다. 아이들은 완전한 놀이를 위해 성목 와링인 아래를 선택할 것이다. 젊은이들은 즐거운 사랑의 비밀을 이 줄기에 속살일 것이다. 신부는 이 왕관과 같은 잎 아래에 와서 신랑에 대한 신임을 맹세하고, 전쟁으로 피폐한 제왕은 이 성목 아래에 와서 휴식을 구하고 바람으로 우는 미묘한 잎의 화악(和樂)에 귀를 기울이고 그곳에 새로운 전쟁 승패의 점을 들을 것이다.

성목 와링인을 자르는 자가 있다면, 그자는 노예로 전락하고 그 아이는 병과 불행을 얻어 초췌하여 성장하지 못하고 죽을 것이다……"

코모 죠지오신은 성목에 대해, 모든 것을 쿠스모에 말을 다하자, 재차 그 빛나는 광채는 천상 저 멀리로 승천해 버렸다.

그러나 쿠스모의 슬픔은 여전히 사라지지 않았다. 그녀는 역시 와링인 나무 밑에서 몸을 기대고 양팔 안에 얼굴을 묻고 울고 있었다.

그러는 동안에 쿠스모는 슬픔에 지쳐 조용한 잠에 떨어졌는데 그 잠은 이윽고 영원히 깨지 않는 잠이 되었다. 그녀의 아름다운 영혼은 신들의 하늘로 올라가고 그 몸은 청렬(淸冽)한 물을 가득 채우는 샘물로 변화하여 영목(靈木)의 뿌리로 흘렀다.

마침 계곡에서 슬픈 왕자의 최후가 있었을 때, 대왕 쿰란 데이노죠의 왕국에서는 장남 조모조조오의 행방불명에 커다란 불안과 깊은 비수(悲愁)로 잠겨 있었다.

중신과 부하 일부는 산지로 추방된 일을 알고 있었지만, 국민은 왕궁 내에서 무슨 일이 일어났는지를 알지 못하였다. 그리고 수일 후에 노왕이 자신의 사후 왕위를 계승하는 자는 조모조조오 왕자가 아니고 두 번째 왕비의 왕자 라덴 사미지양이라고 포고하였기 때문에 비로소 국민들은 왕국 내의 사건을 판단할 수 있었다. 국민들은 그들이 애모하는 대상이었던 왕자가 추방되었다고 들었을 때, 분노하여 불온해졌으며 왕자를 다시 불러들이라고 요구하였다.

그러나 그것을 희망한 것은 단지 국민뿐만 아니라, 안도노의 왕자 라덴 사미지양이 경애하고 있는 형을 제발 다시 불러 달라고 노왕에게 탄원한 일은 가장 불가사의한 사건이었다.

라덴 사미지양은 아직 10살로 어렸는데, 존경받고 있었던 형 조모조조오가 왜 왕국에서 쫓겨났는지 이해할 수 없었다. 이제 많은 노예가 그를 따르고, 왕성 밖으로 나갈 때는 부적을 내세우고 수행하는데 그는 무슨 이유인지 알지 못하였다.

"나는 왕이 아니다."라고 말하며 그는 사람들을 놀라게 하였다.

"당신은 왕이에요."라고 누누이 어머니는 들려주었다. "당신은 이제 왕의 첫 번째 왕자이에요. 그리고 왕위 후계자입니다."

어느 날 어머니인 안도노가 재차 같은 말을 반복하여 들려주었을 때, 라덴 사미지양은 화를 내며 작은 발로 동동 구르며 외쳤다.

"그것은 거짓말이에요. 나는 왕위 후계자가 아니에요. 그것은 형님 조모조조오입니다. 형님은 곧 돌아옵니다. 돌아오지 않으면 내가 찾으러 가겠습니다."

그리고 어느 날, 사람들은 어리고 용감한 왕자 라덴 사미지양의 모습을 놓쳐버렸다. 사람들은 여기저기 찾았지만, 어디에도 그 모습을 찾을 수 없었다. 14일, 14일 밤사이, 노예들은 숲과 산, 계곡과 동굴을 수색하고 강과 계류도 방문해 보았지만 작은 왕자의 자취를 알 수 없었다.

사미지양은 발견되지 않았다. 왜냐하면, 그는 행방불명인 형을 찾겠다고 하는 강한 충동에 사로잡혔을 때, 신들에게 간원하여 새의 모습으로 변했던 것이다. 그는 부왕이 퇴위할 때, 당연 왕위를 계승해야 할 형을 찾기 위해 바다에도 숲에도 산으로도 도처에 자유롭게 갈 수 있도록 새가 되고 싶다고 원하였던 것이다. 신들은 이 갸륵한 바람을 들어주어 작은 왕자를 아름다운 새 한 마리로 만들었다. 사미지양은 이에 만족하였다. 이제 북쪽으로도 서쪽으로도 또한 남쪽으로도 동쪽으로도 생각하는 곳으로 그는 날아갈 수 있었다.

그러나 그가 찾는 황태자 조모조조오가 추방된 모습은 어디에도 찾을 수 없었다.

어느 날, 사미지양인 작은 새는 와링인 성목과 그 밑에 수정과 같은 맑은 샘물이 용솟음쳐 나오는 곳으로 왔다. 그리고 그는 그 샘물을 마시고 와링인 가지에 머물며 호소하듯이 울었다.

"내 형은 어디로 갔는가."

"나는 너의 형이다."

그때 그 위에서 와링인의 잎이 속삭였지만 그는 그것을 들을 수 없었다.

"당신의 형은 여기에 있다."

더욱이 그때 저 아래로부터 샘물의 가느다란 소리가 전해졌지만 그는 이도 들을 수 없었다.

와링인 성목과 샘물의 말이 들리지 않았기 때문에 사미지양인 작은 새는 날아왔을 때보다 더 슬픈 안색을 하고 다시 와링인 가지를 날아서 떠났다.

"내 형은 어디로 갔는가!"

라고 말하는 쓸쓸한 소리는 그리고 나서 몇 세기도 숲과 들에 끊이지 않았다.

"나는 너의 형이다."라고 하는 와링인이 답하는 소리도 영원히 사미지양인 작은 새에게는 들리지 않았다.

다음에는 산악에 대한 동부 자바의 '스메루(Semeru)산[3] 이야기'와 서부 자바의 '카랑(Karang)산 이야기'를 선정하기로 한다.

스메루(Semeru)산 이야기(スメウル山物語)

원시시대 이래 인다라(因陀羅)의 영봉(靈峯) 스메루산을 지배하고 있었던 권력 광대한 거인에게 요염하고 아름다우며 화려한 딸 한 명이 있었다. 거인은 그 딸을 손안의 구슬처럼 사랑하고 있었다. 그는 낮이고 밤이고 딸의 모습으로부터 주시의 시선을 딴 데로 돌린 적이

----

3 스메루산은 인도네시아 자바섬에 있는 화산인데, 자바섬 최고봉으로 표고는 3,676m 이다. 인도네시아에서도 가장 왕성하게 활동하고 있는 화산 중 하나이다.

없으며, 게다가 그늘진 곳에 숨어서 그 우람한 눈을 가만히 주시하고 있을 만큼 딸을 사랑하고 있었다.

그러나 어느 날 아침, 아버지인 거인이 언제나 하듯이 지하 세계를 소요(逍遙)하기 위해 외출했을 때, 이전부터 이 영봉의 외계가 어떤 모습인지 한번 보고 싶다고 희망하고 있었던 딸은 그 바람을 이루기 위해 아버지 눈을 속이고 그 산으로부터 나갔다.

딸은 산속의 지하에서 처음으로 산의 지표로 나왔을 때, 찬연하게 빛나는 태양 빛을 눈에 받고, 한참 동안은 아무것도 볼 수 없었지만 이윽고 빛에 눈이 익숙해지자 처음으로 보는 아름다운 녹색 자연의 세계와 그 불가사의한 광경은 딸의 마음을 밝고 화려하게 들뜨게 만들었다. 그리고 그녀는 가볍게 뛰거나 도약하면서 더욱더 산길을 내려갔다. 때때로, 넓은 옥수수밭과 가축 무리가 푸른 풀을 먹고 있는 목장을 따라 방황하며 걸었다. 그리고 어느 옥수수밭 옆에 왔을 때, 그곳에 마침 그녀의 아버지와 비슷하기는 하지만, 산의 거인보다 훨씬 아름다운 젊은 남자가 서성거리고 있는 것을 보고 불가사의한 반가운 듯한 눈길을 그 사람에게 주었다. 그리고 그 젊은 거인이 그녀와 얼굴을 맞대자마자 친절하고 부드러운 어조로, "당신은 누구세요."라고 말을 걸었기 때문에 한층 불가사의한 생각이 심해졌다.

아직 아버지의 굵고 탁한 목소리 외에 다른 목소리를 들은 적이 없는 딸은, 그 시원스럽게 길게 울리는 간단한 말이 묘하게 마음에 울려 두근두근하였다.

"저는 쥬론고라고 합니다. 마하메루(스메루)의 산신은 저의 아버지입니다."라고 그녀는 대답하였다.

그러고 나서 딸은 한층, 그녀가 아버지가 집을 비웠을 때 남몰래
아버지의 세계를 빠져나온 것이며, 오늘 처음으로 보는 이 외계의
모두가 그녀를 기쁘게 만들었던 것을 말하였다. 그리고 이러한 아름다
운 좋은 세계가 있다면, 언제까지나 이곳에 머물고 싶다는 희망과
가령 신의 나라에서 가지는 불사의 생명을 잃어도 좋다고 부언하였다.

"당신도 역시 신입니까? 거인 중 한 사람입니까?"라고 그녀는 신원
을 말하고 나서 질문하였다.

"그렇습니다. 나는 거인의 아들입니다."라고 처음 보는 젊은이는
말하였다. "나는 커다란 신궁의 위사(衛士)입니다. 범천(梵天)왕은 직
접 나에게 그 직을 주셨습니다. 그리고 내 아버지도, 당신의 아버지
와 대략 같은 권력을 가지는 유력한 거인입니다."

그렇게 말하고 나서 더욱 로쿠송은 아내를 찾아서 나온 여행 도상
에 있음을 말하고, 또한 신들은 그의 출발에 즈음하여 산중에서 아름
다운 처녀를 발견할 것이라고 알렸던 사실도 부언하였다.

"그리고 지금, 바로 지금 그 아름다운 처녀를 발견한 것입니다."라
고 기쁜 듯이 상쾌하게 말해 보였다.

쾌활한 로쿠송을 보고 있었던 아름다운 거인의 딸은, 유감스러운
손짓과 머리를 흔들면 말하였다. "저는 결코 당신의 아내가 될 수 없
어요. …… 들어 주십시오."라며 그녀는 계속 말하였다. "저의 아버지
는 무엇보다 저를 사랑하고 있습니다. 그리고 아버지의 주의 깊은
눈이 저로부터 벗어난 적이 없습니다. 그리고 당신이 범천왕이 총애
하는 분이라고 하더라도, 제가 로쿠송의 아내가 되는 것을 아버지는
허락하지 않을 겁니다 ……"

　　로쿠송은 이것을 이상하게 듣고 있었는데, 그녀의 말이 끝나는 것
을 기다려 질문하였다.

　　"그리고 그것은 또한 어떠한 이유입니까?"

　　"그것은 이렇습니다······"라고 거인 딸은 간단하게 말하였다. 브로
모산(Gunung Bromo, 동부 자바의 텡게르[Tengger] 산맥 중 활화산의 이름,
'범천산'이라는 뜻)[4]은 그녀의 아버지가 지배하고 있는 산으로 불을 내
뿜어 용암을 흘려보냈다. 그래서 산의 논밭을 하룻밤 사이에 파괴해
불모의 황무지로 만들어 버렸다.

　　거인의 딸은 브로모산이 황폐해진 것을 설명하고, "그렇기 때문에
저의 아버지는 범천과 적의 관계입니다."라고 말하였다.

　　"그러한 이유인가요? 그렇다면 나는 스스로 가서 당신의 아버님에
게 이야기해 보겠습니다. 그것이 가장 좋은 방법이에요."

　　로쿠송은 여전히 희망을 버리지 않았다. 그리고 그날, 태양이 아
직 인타라의 영봉으로 숨기 전에 딸의 아버지에게 방문하였다. 위대
하며 권력 광대한 산의 거인에게 방문한 취지를 알린 후, 딸인 쥬론
고를 아내로 삼고 싶다고 요청하고 더욱이 신들은 로쿠송을 가장 어
울리는 남편으로서 이 산으로 인도하였다고 설명하는 것도 잊지 않
았다.

　　그러나 로쿠송이 주눅 든 표정도 없이 산의 거인에게 이렇게 요구

──────────
4　인도네시아 자바섬 동부 도시인 말랑(Malang)의 북동 약 30km에 위치하고 있는 화산.
　　텡게르 칼데라(Tengger Caldera)의 중앙화구를 구성하는 곳이며 브로모 텡게르 스메
　　르 국립공원(Bromo Tengger Semeru National Park) 안에 위치하는데 표고는
　　2,329m로서 화산활동이 활발하다.

를 말하자, 거인은 무시무시한 고함 소리를 냈다. 그리고 그 옆에 있던 쥬론고도 또한 마찬가지로 로쿠송의 아내가 되는 것을 허락해 줄 것을 간청하였기 때문에 아버지인 거인의 화난 목소리는 한층 격해졌다. 쥬론고는 그때, 만약 이 바람이 받아들여지지 않는다면 그녀는 아버지의 적인 위대한 브로모산으로 달려가, 모두를 다 태워버린다고 하는 업화(業火)의 구렁텅이에 몸을 던져버리겠다고 아버지에게 고했다.

산의 거인은 무시무시한 노성을 질렀지만, 조용히 생각하더니 걱정이 생겼다. 만약, 쥬론고를 아내로서 로쿠송에게 주는 것을 거절하면, 범천은 그것에 분노하여 더욱 격렬하게 불과 용암을 그의 훌륭한 논과 밭 위로 내릴지도 모른다. 그리고 사랑하는 딸을 희생하여 커다란 불 항아리 속으로 던져 넣는 결과가 될지도 모른다, 하는 불안한 생각에 사로잡혔다. 그래서 산의 거인은 이번에서 한층 목소리를 부드럽게 하여 말하였다.

"우선 듣는 편이 좋아, 대범천의 총애자여. 나는 수년 전에 내 딸은 초인적인 힘과 권력을 가지는 자 외에는 주지 않겠다고 신들에게 맹세하였다. 따라서 쥬론고의 배우자는 거인 아들이 아니라 신의 아들이지 않으면 안 된다. 그리고 그 배우자는 진정으로 신의 아들이라는 증거를 보이기 위해, 하룻밤 사이에 즉 태양이 지고 나서 첫 번째 닭이 울 때까지, 내 땅인 브로모산 주위에 모래 바다를 만들지 않으면 안 된다. 그 모래 바다는 1,000척의 깊이와 1,000척의 넓이를 가지고, 일체를 멸각한다는 저 브로모산의 불이 두 번 다시 나의 결실 풍부한 논과 밭을 해치지 않도록 하고, 또한 그 모래 바다에 의해 용암이 흘러 확산되는 것을 봉쇄해 버리도록 하는 것이다. …… 로쿠송이여, 너는 하룻밤 사이에 이 모래 바다를 만들 수 있는가? 만약에 너가 그것을 할 수 있다면, 쥬론고는 너의 배우자로서 동반해 떠날 수 있다. 그러나 만약에 첫 번째 닭이 울 때까지 그 모래 바다를 만드는 것이 가능하지 않다면, 나는 너를 돌로 변하게 만들 것이다. 그리고 천년만년 너는 돌로 변한 채로 있을 것이다. …… "

로쿠송은 그 말을 잠시 음미하였다. 그리고 의기양양하게 아름다운 기품이 있는 얼굴을 쳐들고, 가득한 애정을 담긴 시선을 딸에게 던진 후에 말하였다.

"아아, 인타라 영봉의 위대한 지배자여, 내가 해 보도록 하죠. 내일 태양이 질 때를 기하여, 그 일을 시작하죠." 그리고 쥬론고에게는 "가장 커다란 야자 껍질을 찾아 주세요. 그리고 그것을 둔 곳에서 우리들이 만나도록 하죠."라고 말하였다.

다음 날 저녁 때, 태양이 지기 조금 전에, 쥬론고는 야자 껍질을 로쿠송에게 가져와 친밀하게 말하였다.

"당신의 위대한 힘을 보여 주세요. 그렇게 하면 우리들은 행복해질 수 있어요."

로쿠송은 커다란 야자 껍질을 쥬론고의 가늘고 아름다운 손으로부터 받으며 말하였다.

"아아, 사랑의 꽃이여, 나는 반드시 해서 제거할 수 있을 거예요."

그리고 이제 태양이 지평선으로 숨자마자, 로쿠송은 거대한 일을 시작하였다.

로쿠송은 커다란 야자열매 껍질에 모래를 가득 채워 이것을 던지

자, 그곳에 갑자기 커다란 모래 산이 생겼다. 그런 행동을 두 번 하
자 모래 산은 더욱 높이 확산해 갔다. 이렇게 하여 그는 브로모산의
주위에 일을 계속하였다. 위대한 브로모산은 무시무시한 명동(鳴動)
을 일으켜 용암을 분출하였지만, 그는 이에 굴하지 않고 밤새도록
일을 쉬지 않았다. 이윽고 아침 가까이 되었을 때, 그는 브로모산을
990척의 높이와 990척의 넓이의 모래를 메웠다. "태양이 나오기 전
까지는 이제 나머지 10척을 메우지 않으면 안 된다."라며 그는 숨을
헐떡였다.

그는 더욱 야자열매 껍질을 가지고 열심히 움직이기 시작하였다.
인타라의 영봉 스메루의 거인은 산 정상에서 끊임없이 커다란 눈동자
를 빛내며 로쿠송의 일을 보고 있었다. 이제 새벽 전에 브로모산을
메우려고 하는 대사업이 완성할 것 같다는 것을 알 수 있었다. 그렇게
되면 사랑하는 딸을 로쿠송에게 뺏기지 않으면 안 된다. 그는 불안을
느꼈다.

그때 로쿠송은 재차 백뢰(百雷)와 같은 음향과 더불어 모래 산을
던졌다. 산의 거인은 당황하며 생각하였다. "이제 수척밖에 남지 않
았다. 아직 밤이 샐 것 같지도 않다. 닭도 울지 않는다. …… 그러나
기다려라, 내가 우는 흉내를 낸다면 …… 그렇다. 그에게 딸을 빼앗길
수는 없다. 저 녀석은 훌륭한 거인이다, 반신(半神)이었다. ……" 그는
이렇게 중얼거리고 나서 산 정상에 서서 "꼬끼오"라고 첫 번째 닭 울
음 흉내를 하였다.

"꼬끼오"

산기슭 마을들이 이에 응하여 울기 시작하였다. 한참 동안 닭의

울음소리는 여기저기에서 멈추지 않았다.

아직 3척을 채우지 못하고 남기고 있었던 로쿠송은, 첫닭의 울음소리를 듣고 아연 놀라서 분노와 무념으로 인해 바위와 같은 주먹을 하늘에 휘둘러 모래를 채운 야자 껍질을 화나는 대로 던져 날렸다. 허공에서 모래는 흘러 떨어져 하늘의 야자 껍질만은 깊은 모래산 사이의 평지로 굴러가서 그곳에서 둥근 배를 공중으로 향해 길게 누웠다. 그리고 그것은 마침 야자 껍질과 같은 형태를 한 높은 브로모산의 산정(山頂)으로 변하였다.

그러나 로쿠송은 이 야자 껍질을 던지자마자, 멀리서 슬픈 울음소리를 들었다. 보았더니 그곳에는 쥬론고가 무시무시한 절망과 슬픔으로 인해 커다란 눈을 뜨고 눈물을 머금고 온몸이 돌로 변하고 있었다.

"사랑의 꽃! 사랑의 꽃… 보라, 나의 일은 망가졌어."

로쿠송은 침통한 목소리로 불렀다. 그러나 아름다운 거인의 딸은 이미 돌로 변하여 한마디도 대답하지 못하였다. 이윽고 산으로 변하여 쿰팡이라고 불리었다. 이것은 로쿠송이 소리를 질렀던 최후의 사랑의 언어였다. 왜냐하면, 산의 거인의 예언처럼, 그도 이제 날이 새기 전에 돌로 변해 이윽고 다시 산으로 변하였다. 그 산은 나중에 수고로우데이라고 불리며 구전되었다.

그러나 산의 거인도 또한 벌을 받았다. 이유는 무용한 슬픔을 불러일으켰기 때문이다. 그 벌은 거인이 스스로 자신에게 준 벌이다. 왜냐하면 거인은 브로모산의 위대한 힘을 두려워하여 그 이후 텡게르산맥의 가장 깊은 곳에 숨어버리고 불안과 노여움에서 오로지 탄식과 신음의 생활을 영원히 시작하였기 때문이다.

그래서 스메르산의 거인이 탄식할 때마다, 그 숨소리와 더불어 옅은 운연(雲煙)이 내뱉어져 그것이 높은 봉우리 밖에 울타리를 쳐서 흡사 아름다운 커다란 깃털처럼 높은 봉우리 정상을 둘러쌌다. 이렇게 하여 스메루의 거인은 언제까지나 숨소리와 신음과 백운을 토해내지 않으면 안 되었다. 그가 예언한 대로 천만년 후에 돌로 변하여 지금은 수고로우데이산이 된 로쿠송과 쿰방산이 된 쥬론고가 재차 인간으로 돌아오고 모래 바닷속에 묻힌 브로모가 다시 원래의 모습으로 돌아올 때까지 스메르의 탄식과 신음은 그치지 않을 것이다.

현재 동부 자바 보스루앙주에 있는 텡게르산맥은 이러한 산들의 모습이다.

카랑(Karang)산 이야기

서부 자바 반탐(Bantam)주 세랑(Serang) 남부에 있는 켄뎅(Kendeng) 산맥 중에는, 바두이족(Badui) 종족[5]이 오늘날에도 여전히 외계와 완전히 절연된 집단의 원시생활을 하고 있다. 바두이족은 회교를 혐오

----

5 인도네시아 자바섬 서부 켄뎅(Kendeng)산 부근에 거주하는 종족. 16세기에 이슬람교도에 의해 멸망된 순다족(Sundanese)의 후예로 알려져 있는데 산과 열대우림 지역에 살며 주로 농사를 짓는다. 이들은 바두이 달람(Badui Dalam)과 바두이 루아르(Badui Luar) 촌락으로 구분하는데, 바두이 달람에 사는 사람들은 엄격한 規律 속에서 외부와 단절된 생활을 하고, 바두이 루아르에 거주하는 사람들은 規律이 덜 엄격하여 바두이 달람과 외부세계와의 중간지대 역할을 한다.

하고 지금도 조상을 신앙하고 있다. 이 종족은 극히 경신(敬神)의 생각이 깊고, 정직하며 신의에 독실하다. 그들은 만약 불신과 부덕을 범할 때는 사후 영원한 안식과 환락의 도취경인 하얀 정원으로 갈 수 없다고 하여 일체의 불선(不善)을 서로 경계하고 있다.

이 '하얀 정원'은 바두이족의 관념에 따르면, 지하에 있지도 않고 천계에 있지도 않으며 그들이 살고 있는 마을로부터 그다지 멀지 않는 곳에 있다고 생각하고 있다. 그곳은 다양한 형태와 크기의 현무암이 가로놓인 돈대의 평지라고 일컬어지고 있다. 그리고 그들 현무암은 하얀 정원이 있는 커다란 밀림 속에도 도처에 있다. 바두이족은 그들 현무암을 그들의 신이라고 보고 있기 때문에 현무암을 공경하고 또한 그것에 기원을 드리고 쌀과 꽃과 같은 것을 공양한다.

극히 드문 일이지만, 바두이족의 누군가 한 사람이 그들 사회의 눈으로 보아 부덕하다고 해석되는 짓을 한 경우에는 그 사람은 이제 사후 하얀 정원에 들어갈 수 없으며 그 사람의 혼은 반탐(Bantam)주의 북부에 있는 카랑(Karang)산을 최고봉으로 하는 일군의 화산 불 속에 던져져 영원히 화업(火業)의 고뇌에 떨어지지 않으면 안 된다.

이 화산의 연봉(連峯)은 원시 때부터 있었던 것이 아니다. 연봉은 카랑산의 정상이 마침 절단되어 낙하했을 때에 새롭게 생긴 것이다. 그리고 그 카랑산은 어째서 절단된 것인지, 이 이야기는 그 원인을 말하고 있다.

유인원의 모습을 하고 항상 지상에 방황하고 있었던 원숭이족의 왕 하노마트(바람의 신 후아유의 아들)는 어느 날 원숭이 무리가 살고 있는 곳을 방문하였다. 그리고 그는 두 개의 커다란 자루를 질질 끌고 와서 무수한 원숭이들에게 이 모래 자루를 가지고 순다 해협에 두 개의 작은 섬을 만들라고 역설하였다. 그러나 그가 모래 자루를 질질 끌고 해협의 해변에 와 보았더니 이미 그보다 먼저 신들 중 한 명이 그곳에 와서 세 개의 섬, 즉 크라카타우(Krakatau), 부시이, 상이앙(Sangiang)을 만들고 있는 것을 보고 깜짝 놀랐다. 그리고 그는 신들의 처사에 분노하여 자포자기하여 두 모래 자루를 해변에 내던졌다. 그러나 그곳으로 커다란 파도가 밀려와 두 모래 자루를 육지 쪽으로 밀어 올림과 더불어 그곳에 모래가 퇴적하여 두 개의 커다란 산이 만들어졌다.

그 두 산은 지금 하노마트 및 카랑이라고 하는데, 하노마트 쪽은 풀로사리(Pulosari)산이라고 불렸다. 풀로사리산 쪽은 오늘날도 처음에 생겼을 때와 같은 산이지만 카랑산은 처음에 생겼을 때보다 점점 높아져, 마침내 그 정상은 하늘에 도달할 정도가 되었다.

그때 무수한 원숭이는 산이 높아지는 것을 보고, 이것은 아마 왕 하노마트가 산을 높게 만들어 그들이 하늘의 별로 올라갈 수 있도록 해 준 것이라고 생각하고 감사하였다.

마침 카랑산의 최고봉이 만들어지자마자, 무수한 원숭이 무리는 서로 힘을 합하여 모두 카랑산 정상으로 옮겨 살며, 하늘의 별 무리에 대해 나쁜 장난을 시작하였다. 난폭하게도 그들은 귀여운 작은 별을 붙잡아 이것을 갉아먹는 듯한 짓을 하며 기뻐하였다. 그로 인해 별의 괴로움은 이만저만이 아니었다.

신들은 천계에서 이 모습을 보고 있었는데, 그런 행동이 격심해졌을 때 비슈누(viṣṇu)신[6]은 천제(天帝) 범천에게 말하였다.

"창조의 범천이여, 보십시오. 하노마트의 종자들은 저 아름다운 작은 별들을 괴롭히고 있습니다. 저것들을 벌하지 않고 묵인할 수는 없지 않습니까?"

그리고 대용(大勇), 대지(大智)의 창조신 범천은 이에 답하였다.

"비슈누신이여, 그대의 염려는 지당하다. 그러나 그들은 곧 장난으로 지칠 것이다. 그렇기 때문에 잠시 추이를 보는 게 좋을 것이다."

이렇게 하여 원숭이들은 자애 광대한 범천의 덕분에 처음에는 벌을 면하였다.

원숭이의 장난은 그치지 않았다. 어느 날 밤, 무수한 원숭이들은 태백성을 붙잡아 장난을 시작하였다. 태백성은 이 원숭이의 장난을 참기 어려워 마침내 아름다운 모습을 구름 뒤에 숨어 버렸다. 이것을 본 비슈누신은 노여움을 참으며 범천에게 말하였다.

"창조의 천제(天帝)시여, 우리들은 이렇게 매일 밤 그들의 방자함을 묵인하지 않으면 안 됩니까? 그대의 위대한 전능의 힘을 가지고 그들을 금제(禁制)할 수 없는 것입니까?"

창조의 범천은 이에 답하여 말하였다.

"태백성은 이제 먼 곳으로 달아났다. 오늘 밤은 이 상성(上星)을 괴롭히는 것은 불가능하다. 그렇기 때문에 다시 내일까지 기다리기로 해 보자."

----

6 브라흐만(brahman), 시바(śiva)와 더불어 힌두교 세 주신(主神)의 하나로서 우주의 창조와 유지, 그리고 파괴의 과정에서 유지를 담당하는 신으로 알려져 있다. 네 개의 팔을 가지고 용(龍)의 위에서 명상하는 자세로, 세계의 질서를 유지시킨다고 한다.

그러나 그날 밤이 새려고 하자 샛별의 아름다운 모습이 여명의 하늘에 단 하나가 나타났을 때, 이번에는 범천이 스스로 천계에서 여러 마리의 원숭이들이 그 아름답고 커다란 샛별에 나쁜 장난을 하며 괴롭히고 있는 것을 보았다. 그리고 명성(明星)이 가까스로 원숭이들의 심술궂은 손에서 도망쳐 구름 뒤쪽에 숨었을 때, 이 성가신 짐승에 대한 커다란 불안에서 범천에게 불평을 말하였다.

"위대한 전능한 범천이시여, 만약에 원숭이들의 나쁜 장난이 빨리 그치지 않으면 나를 비롯해 다른 군성(群星)도 모두 재차 하늘에 나타나 빛을 비추는 일을 그만둘 것입니다……"

그때 태백성을 비롯하여 그 외의 크고 작은 군성들은 샛별의 목소리를 듣고, 똑같이 브로모에게 호소하였다.

"위대한 전능한 범천이여, 우리들도 또한 금후 원숭이들의 장난이 계속 이어지면 하늘에 빛을 내는 일은 그만둘 것입니다."라고 이구동성으로 말하였다.

이제 범천은 군성의 여론을 듣고 방치해 둘 수 없어서, 곧바로 당시 신들의 가호를 받아 반탐을 통치하고 있었던 다람을 불러 원숭이의 왕 하노마트를 곧 천계로 파견하도록 명령하였다. 다람은 곧바로 원숭이 왕을 불러들였다.

"하노마트, 너는 곧바로 천계로 뵈러 갈 것을 천제 범천은 나에게 명령하셨다."

"어째서 나는 신의 천계에 가지 않으면 안 되는 것입니까?"라고 하노마트는 의심스럽게 물었다.

"원숭이들이 다시는 별로 올라갈 수 없도록, 카랑산 정상을 잘라

떨어뜨리기 위해 천제는 너에게 커다란 검을 빌려주실 거라고 나는 생각한다."라고 다람은 말하였다.

"우리들이 가장 즐거운 장소로 삼고 있는 산의 정상을 잘라내지 않으면 안 되는 것이죠?"라고 하노마트가 물었다. "우리들은 산 정상을 지금 그대로 남겨 두지 않으면 안 됩니다."

"그렇다. 바닷속이라고 나는 생각한다."라고 다람은 대답하였다.

"어째서 우리들의 소중한 산 정상을 잘라서 바다 파도를 일으키지 않으면 안 되는 것입니까?"라고 그는 걸핏하면 화를 내는 원숭이의 기질을 드러내며, "그러나 그 전에 신들이 순다해협에 만든 세 산을 없애도록 범천께 말해 주십시오."라고 말하였다.

이 불손한 말을 듣고 다람도 이제 화를 내며 외쳤다.

"무슨 말을 하는가. 너는 우리들 천제께 뭔가를 하라고 명령할 작정인가. 바보 같은 말은 작작 좀 하라. 빨리 천계로 가라, 그리고 커다란 검 하나를 가지고 와라!"

"나는 저 아름다운 산 정상을 잘라내는 것은 싫다."라고 하노마트는 여전히 중얼거렸다. "우리들의 산은 지금대로 두고 싶다."

"네가 싫다고 말하는 것은 범천이 명령한 것이 아닌가?"라고 다람은 더욱 주의하였다. "신속하게 검을 가지고 오라, 그렇지 않으면 나는 너를 아무도 살 수 없는 요괴 나라로 추방하리라."

이제 그는 천계로 갈지 아무도 살 수 없는 요괴 나라로 추방될지를 정하지 않으면 안 되었다. 그때 범천은 산을 잘라내는 위대한 검을 그에게 주며 말하였다.

"이 검을 가지고 카랑산의 3분의 1일 잘라내라. 원숭이는 재차 별을 괴롭힐 수 없을 것이다."

"그리고 잘라낸 산 정상은 어떻게 할까요? 위대한 천제시여!"라고 하노마트가 물었다.

"우선 잘라내라, 그 후 모든 것은 올바르게 될 것이다."라고 재차 천제는 명령하였다.

하노마트는 이제 재차 대검을 가지고 하계에 내려와 카랑산에 올라가 3분의 1에 해당하는 정상을 잘라냈다. 백뢰(百雷)와 같은 지축을 흔드는 소리를 내며 잘라진 정상은 낙하하였다. 그곳에서 범천의 의지에 따라서 작은 2, 3개의 화산이 생겼다. 생전 부덕을 저질렀던 바두이족의 혼은 사후 이 화산의 업화(業火) 속에 떨어져 영원히 괴로워하였다.

다음은 남양에 관한 전설 이야기인데 단지 바다에 관한 내용일 뿐만 아니라, 그곳에 남방민족의 아름다운 여성의 애정(哀情)적인 센스가 감도는 '남해를 지배하는 나찰(羅刹) 여왕'이라는 한 편을 읽기로 하자.

남해를 지배하는 나찰(羅刹) 여왕

노도(怒濤)가 언제나 거암(巨巖)을 세차게 때리는 남해안의 대양에는 나찰의 여왕 라투 키도루의 나라가 있는데, 그 추한 얼굴처럼 무정(無情)하고 냉혹한 나찰녀(羅刹女)는 남해안 대양뿐만 아니라 거암이

우뚝 솟아 있는 해안에서 해안 부근의 밀림도 세력 하에 두고 지배하
고 있었다.

해안의 단안(斷岸) 절벽에는 우수한 제비집이 많이 있는데 만약 제
비집 채집자가 그 채집 전에 미리 라투 키도루에게 산제물을 바치는
것을 소홀히 하면, 나찰녀는 큰 파도로 절벽을 기어가는 남자를 채어,
거암(巨巖) 아래에 있는 커다란 바위굴의 어둡고 신비로운 물에 비친
빛 속으로 끌어넣고 그곳에서 그녀의 노예로서 바다뱀처럼 긴 무수한
팔이 있는 커다란 문어 요괴가 제비집 채집자를 목 졸려 죽인다.

또는 나찰녀에게 어떤 산제물도 바치지 않고 나무꾼이 크리스(kris)
칼집을 만들기 위해 아름다운 황색과 검은색 나뭇결이 있는 펠릿 나
무를 찾으러 숲으로 들어오는 일이 있으면, 호랑이를 보내 찢기게
만들고, 또는 숲에 들어가는 자가 그녀의 명령대로 사탕야자 잎으로
만든 짚신을 신지 않을 때에는 뭔가의 불행을 주었다.

그 외에 라투 키도루의 영역에서 조금이라도 그녀의 존엄에 상처
를 입히는 일을 하는 자에게는 누구에 대해서도 무서운 사악한 복수
를 가하지 않고 두지는 않았다.

그러나 나찰 여왕은 처음부터 이러한 아수라(阿修羅)와 같은 여왕
은 아니었다. 이 이야기는 그녀가 일찍이 어떤 여자였는지를 말하고
있다——.

×   ×

남쪽 대양을 지배하는 나찰여왕 라투 키도루는 일찍이 세상에서

드문 아름다운 왕녀였다. 그녀는 문당 왕기이왕의 첫 번째 왕비의 왕녀로서 태어났다. 그 왕녀는 누구나 좋아하고 사랑받을 만큼 아름답고 정숙한 왕녀였다. 그 이름은 카지타라고 하는데, 세상 사람들은 그녀가 지상의 작은 태양처럼 아름답고 사랑스러우며, 기품 높고, 그리고 붙임성이 있었기 때문에 모두 태양 공주라고 불렀다. 왕기이왕은 왕녀를 몹시 사랑하고 있었지만, 왕위를 이어야 할 왕자가 이 세상에 태어날 것도 원하고 있었다. 그러나 왕자가 태어나지 않았기 때문에 마침내 두 번째 왕비를 두게 되었다.

이 두 번째 왕비는 푸트리 문초로라 불렸는데 얼굴은 보살 같고 마음은 야차(夜叉)와 같은 요부였다. 그렇기 때문에 그녀는 점차 왕의 환심을 사서 중심이 되었다. 또한 왕이 오랜 세월 바라고 있었던 왕자를 낳기에 이르러 한층 나빠져 우쭐해서 거만하게 굴었다. 어느 날, 이 사심(邪心)의 여자는 아첨의 대가로서 첫 번째 왕비를 먼 곳으로 유폐하도록 왕에게 요구하였다. 그러나 왕은 첫 번째 왕비와 그 왕녀인 카지타를 깊이 사랑하고 있었기 때문에 문초로의 아양과 농간만으로는 움직이지 않았다. 문초로 왕비는 이제 비원을 이루기 위해, 또한 첫 번째 왕비와 왕녀에 대한 증오심에서 다수의 자기편을 얻기 위해, 가능한 한 대항하여 겨뤘다. 그러나 왕비의 노예도 시녀도 누구 하나 첫 번째 왕비에게 슬픈 눈을 보이게 하는 음모를 따르려고 하지 않음을 알았을 때, 푸트리 문초로 왕비는 마침내 악병(惡病)과 불행을 자유롭게 구사할 수 있는 주문을 내리려고 마술을 하는 늙은 무녀에게 의지하였다. 악녀인 무녀는 쟈히루라고 하는데 일찍이 농민의 가축들에게 악병인 탄저병을 전념시켰기 때문에 왕기이왕에 의해 왕국으로부터 추방되었다. 농민 중 한 명은 그 당시 쟈히루가 탄저병을 관장하는 나찰 보트와 함께 마을의 정직한 사람 파크 스로의 물소를 붙잡아 어두운 밤중에 남몰래 역병을 옮기고 간 것을 보았던 것이다. 그리고 파크 스로의 물소는 이윽고 무시무시한 탄저병에 걸려 모두 죽어버렸다.

요술사 악녀 쟈히루의 악행을 문당 왕기이왕에게 보고한 것은 농민뿐만 아니라, 절의 바위굴에 사는 성자도 또한 왕에게 고하였기 때문에 왕은 마침내 밀림 속에 악녀를 수색하도록 하였다.

명령이 한번 내려지자 노예대는 삼림에 들어가 악녀를 잡아 왕 앞에 끄집어내었다. 왕 앞에서 쟈히루는 만만하게 변명하여 발뺌하려고 시도하였지만, 아무도 악녀의 말을 믿는 자가 없었으며 마침내 그날 안에 악녀는 외국추방의 선고를 받았다.

쟈히루는 그러한 선고를 듣고 노여움을 도깨비불과 같이 불태우고 왕기이왕에 대해 언젠가 복수를 하려고 모든 나쁜 음모를 획책하였다. 그러나 악녀의 역병과 불행을 가져오는 주문은, 그 당시 국민들의 왕에 대한 신성한 사랑의 힘이 강했기 때문에, 특히 사원의 정자의 기도와 신의 가호가 있는 힘이 위대했기 때문에 효력을 잃고 왕에 대해서도 국민에 대해서도 악녀는 복수를 달성할 수 없었다.

그리고 긴 세월이 흘러 지나갔다. 이제 아무도 쟈히루가 전에 국외로 추방된 일 따위를 상기하는 자는 없었다. 그리고 그러는 동안에 왕녀 카지타가 태어나고 또한 지금은 왕자도 태어나 훌륭하고 건장한 젊은이로 자랐다.

그러나 쟈히루를 잊지 않고 언제나 회상하고 있는 것은 문당 왕기이왕의 두 번째 왕비 푸트리 문초로였다. 왕비는 젊었을 때, 쟈히루의 추방 이야기를 들어 알고 있었는데, 지금 쟈히루가 왕국 근처에 살고 있음을 다시 알게 되었다. 그리고 문당 왕기이왕이 첫 번째 왕비와 그 왕녀를 왕성에서 추방하는 일에 동의하지 않고 그래서 첫 번째 왕비와 왕녀의 음식물에 독을 넣으려고 했지만 아무도 이 나쁜 짓에 가담하려고 하는 자가 없었기 때문에 두 번째 왕비는 남몰래 쟈히루를 왕국으로 인도하여 돌아오게 한 것이다. 쟈히루는 왕비의 유모 언니라고 속여 왕성 안으로 안내받았으며 또한 우연히 궁녀를 방문한 것처럼 완전히 가장하였다. 그리고 그곳에 마침 그 자리에 있었던 시녀들은 악녀의 옛날 모습을 전혀 알지 못하였기 때문에 이 추한 노파가 왕비의 유모 언니가 아니라고 생각하는 자는 없었다.

심야였다. 푸트리 문초로와 그녀의 유모 이외는 모두 깊은 잠에 떨어졌던 시간이었다. 악녀인 쟈히루는 두 번째 왕비의 침실에 들어가 그곳에서 무시무시한 요술 기도를 시작하였다. 그날 밤, 왕녀 카지타와 그녀의 어머니이자 문당 왕기이왕의 사랑스럽고 정숙한 첫 번째 왕비 위에 저주하는 주문의 선고가 행해졌다. 이 무시무시한 선고는 "두 사람 모두 나의 저주로 인해 나병에 걸릴 것이다."라는 의미였다.

이렇게 하여 쟈히루는 매일 밤 심야가 되면 이 저주의 업을 계속하였기 때문에 이제 쟈히루의 요력(妖力)과 그 무시무시한 주문으로 인해, 정말로 첫 번째 왕비와 왕녀는 동시에 무시무시한 나병에 걸렸다.

나병에 걸린 사람은 왕국에 사는 것이 금지되어 있었다. 불쌍한 왕비와 왕녀 카지타는 왕국을 떠나 멀리 떨어진 벽지 삼림 속으로 옮겨 살지 않으면 안 되는 신세가 되었다.

　국민들이 경모하는 왕비와 사랑스러운 왕녀가 이 무시무시한 병에 걸린 것을 국민들이 알았을 때, 왕국 내에는 슬픔이 가득 찼다. 수많은 자들은 이 두 사람을 먼 삼림 속으로 추방하는 것은 너무나 가엾다고 말하며 반대하였다.

　그러나 다행히도 그 숲 가까이에 사원의 바위굴이 있어서 그곳에 성자가 살고 있었다. 성자는 단식과 기도의 고행 생활에 의해 그 육체가 정화되어 어떠한 병도 성자를 범할 수 없었다. 나병도 또한 마찬가지였다. 그래서 성자는 불행하고 가여운 고귀한 두 사람에게 음식물을 보살펴 주고 또한 환부 치료를 도왔다.

　그러나 왕비의 병은 이윽고 중한 상태가 되었다. 그녀는 무시무시한 병과 이 추방의 굴욕을 오랫동안 참을 수 없었다.

　첫 번째 왕비의 목숨이 경각에 달렸을 때, 그녀는 이상한 꿈을 꾸었다. 그리고 숨을 거두기 조금 전에 그 꿈에 대해 성자에게 말하였다. 그것은 겨우 들을 수 있을 정도의 희미한 목소리였다.

　"저는 꿈을 꾸었습니다. 그것은 옛날 제가 불쌍한 여자에게 주었던 사롱(sarong)이 재차 제 방에 떨어져 있는 것입니다. 그리고 그 사롱 위에 무시무시하고 추한 얼굴을 한 늙은 여자가 앉아 있었습니다. 그녀는 호랑이와 같은 두 눈을 부릅뜨고 저를 노려보고 저에게 이렇게 말했습니다. '왕비님, 이 옷은 몹시 낡고 더러워졌습니다. 이 옷을 당신에게 드리오니 입으십시오. 그리고 그 옷의 일단을 왕녀님께도 드리십시오.'라고. 저는 그것을 착용해 버렸습니다." 왕비는 한층 가는 목소리가 되어 말하였다. "그래서 저는 자고 있는 딸에게 그 사롱

을 입혔습니다. 제가 그렇게 하자마자 그 늙은 여자 옆에는 왕비를
안은 두 번째 왕비가 서 있었습니다. 그리고 두 번째 왕비는 '이 노녀
는 아주 이전에 문당 왕기이왕으로 인해 국외에 추방된 여자입니다.
저는 이 여자를 재차 유배지로부터 불러서 되돌아오게 했습니다. 그
여자는 저에 대한 답례로서 당신과 왕녀에게 그 낡고 더러운 사롱을
보낸 것입니다. ……'라고 말하였습니다. 저는 아무 말도 하지 못하고
망연히 계속 서 있었을 때, 두 번째 왕비와 노녀는 사라져 갔는데
그때 높고 높은 웃음소리를 남기고 갔습니다. ……"

왕비는 이렇게 꿈의 이야기를 하고 나서 깊은 잠에 떨어졌다. 그리
고 재차 그 잠에서 깨어나지 못하였다.

그러나 왕비의 꿈 이야기는 성자에게 깊은 사료의 재료를 주었다.
그 늙고 추한 여자라고 하는 것은 일찍이 왕국으로부터 추방되었던
무녀 쟈히루에 다름 아니다. 그런데 지금 푸트리 문초로 왕비가 악녀
의 주문으로 정비와 왕녀를 정복하기 위해 다시 불러들였던 것이다.
낡고 더러운 사롱이라는 것은 쟈히루가 정비와 왕녀를 감염시킨 나병
의 의미이다. 이렇게 생각한 성자는 귀녀(鬼女)가 범한 나쁜 짓의 깊
이와 같은 깊이로 이 귀녀를 벌하지 않으면 안 된다고 결심하였다.
그래서 성자는 이를 위해서 충복처럼 유순한 호랑이 두 마리를 풀어
귀녀를 찾아내어 그 앞에 붙잡아 오도록 명하였다. 그리고 성자는
푸트리 문초로 왕비도 벌하였다. 그러나 그것은 곧 바로가 아니라
한참 나중에 이루어진 일이었다. 또한 성자는 직접 그녀를 벌하는
대신 왕자인 나중의 문당 왕기이왕('고도(古都) 마자파힛' 이야기와 관련
된다)을 벌하였다.

수일 후 호랑이 두 마리는 귀녀 쟈히루가 발견되지 않아서 사원의
바위굴로 돌아왔다.

"머지않아 쟈히루를 저 앞에 끌어낼 겁니다."라고 성자는 카지타
왕녀에게 말하였다.

왕녀는 어머니 사후, 몹시도 힘을 잃고 이미 무시무시한 병으로
추하게 된 얼굴에는 옛날의 아름다운 용모는 조금도 없었다. 왕녀는
성자의 말에는 아무 대답도 하지 않았지만, "지금 쟈히루를 벌한다고
하더라도 그것은 이미 너무 늦어버렸다."라고 생각하였다.

그리고 수개월이 지났다. 카지타 왕녀는 한층 추한 무시무시한 얼
굴이 되었다. 왕녀는 그 추함을 부끄러워하였다. 그리고 때때로 숲으
로 오는 사람들과 만나서 그 얼굴이 보이는 것을 매우 싫어하게 되었
다. 이윽고 그녀는 성자와 호랑이 두 마리, 숲속에 사는 모든 짐승과
도 만나는 것을 싫어하게 되었다.

성자는 왕녀의 끔찍한 얼굴 위에 혐오의 표정이 나타나고 있는 것
을 알아채고 몹시 슬퍼하였다. 그렇기 때문에 성자는 이전보다 한층
더 많이 목욕재계하고 자주 길게 단식기도를 하여 왕녀의 혐오하는
마음이 재차 이전의 사랑스러운 보름달과 같은 마음으로 변하고, 이
일체의 죄를 짊어져야 할 쟈히루를 빨리 벌할 수 있도록 신들에게
기도하고 고행을 계속하였다. 그리고 이 두 번째 바람은 얼마 지나지
않아 이루어질 수 있는 시기가 왔다.

어느 날 밤, 호랑이 두 마리가 매우 불온한 으르렁거리는 소리를
낼 때였다.

성자의 호랑이는 뭔가 불안스럽게 겁내는 듯이 으르렁거리고, 우

리의 벽을 계속하여 발톱으로 강하게 긁어댔다. 성자는 곧바로 누군가 악령을 가진 자가 부근에 다가와, 호랑이가 그것을 느끼고 불안해하고 있다고 느꼈다. 그래서 성자는 호랑이의 불안의 원인을 확인하기 위해 호랑이 두 마리를 바위굴 우리에서 풀어주자, 호랑이는 쏜살같이 밖으로 달려가 와링인 아래에 와서 무시무시한 소리로 포효하였다. 성자는 무수히 축 늘어진 뿌리를 드리우고 있는 낮은 가지 위를 보자 그곳에는 커다란 뱀과 같이 빛나는 눈을 부릅뜨고 응시하면서, 바싹 오그라든 것 같은 형태를 하고 가지에 매달려있는 자가 있었다. 그리고 쉰 목소리로 성자에게 외쳤다.

"성자님, 당신의 호랑이를 빨리 우리 속으로 묶어 주시오."

"너는 대체 누구인가?"라고 성자는 물었다.

"누구든 좋지 않은가, 당신의 기도와 단식의 힘보다 더욱 커다란 힘의 주문을 외치는 자다."라고 그녀는 초조한 얄망궂은 목소리를 내어 외쳤다. "그러나 이름을 알고 싶다면 말해 주지, 쟈히루라는 노파다. 너는 알고 있을 게다."

"쟈히루라는 이름은 잘 알고 있다."라고 성자는 말하였다. "만약 네가 쟈히루라면, 신성한 와링인 위에 있어서는 안 된다. 곧바로 내려와라. 만약 네가 싫다고 하면 내 호랑이는 너를 찢어버릴 것이다."

"경신(敬神)의 성자님, 너는 나보다 위대한 힘이 있다고 생각하는가."라고 악귀처럼 무녀는 외쳤다. "만약에 너의 힘이 내 힘보다 크다면, 내가 걸어가는 발자취는 돌로 변할 것이다."

이 귀녀의 말을 듣자 호랑이는 한층 격하게 노여워하고, 튼튼한 대나무로 짠 끈을 마치 풀과 같이 잘라내고 성자의 손을 벗어남과 동시에 맹렬히 와링인 가지에 뛰어올라 귀녀를 물고 쁘라후(Perahu) 산의 중턱으로 질질 끌고 갔다. 그곳에서 호랑이는 분노와 불안으로 귀녀를 반죽임이 되게 하고 또한 많은 상처를 주었다.

별이 없는 어두운 밤이었다. 쟈히루는 날카로운 호랑이 발톱으로 인해 몸 일면에 깊은 상처를 받았지만, 호랑이가 떠나자 여전히 쁘라후산 높은 곳으로 오르기 시작하였다. 그리고 다시 중얼거렸다. "만약 성자의 힘이 내 힘보다 강하다면 내 발자취는 돌로 변할 것이다." 쟈히루는 이렇게 중얼거리면서 성자와 싸우기 위해 산의 나찰(羅刹)에게 편들어 주도록 요청하려고 하였다. 그렇게 하면, 성자보다도 한층 세력을 키울 것이다……. 여러 가지 생각을 하면서 쟈히루는 높은 곳에 올라왔을 때, 문득 되돌아보았더니 부드러운 흙 위에 새겨진 발자취가 화강암처럼 굳게 화석화하고 있는 것을 보았다. …… 발자취는 죄다 돌로 변했던 것이다. 그리고 그때 앞에는 천 길의 계곡이 기다리고 있었다.

"성자는 나보다 위대했던 것이다."

쟈히루는 절망과 더불어 사람들이 콩알처럼 보이는 높은 벼랑 위에서 계곡 아래로 몸을 던져 바위에 부딪쳐 미진(微塵)으로 분쇄되었다. 수년 후, 사람들은 그 계곡에서 쟈히루의 금비녀를 찾아냈을 뿐이었다.

"그러나 지금도 쁘라후산 정상 근처에는 돌이 된 쟈히루의 발자취가 남아 있다."고 자바인 노인은 말하고 있다.

이렇게 하여 성자는 호랑이와 더불어 귀녀 쟈히루를 쫓아냈지만 동시에 카지타 공주도 또한 그날 밤 세상을 미워하여 성자에게 아무

말도 하지 않고 숲을 떠났다. 숲을 빠져나오고 나서 몇 날이고 계속 걸어서 마을 곳곳에 음식물을 구걸하며 걸었다. 도처에서 젊은 남자들은 나병의 왕녀를 보자,

"더럽다! 빨리 가버려!"라며 냉담한 질타를 하였다.

여러 날을 헤매며 계속 걸은 후에, 카지타 왕녀는 남해안으로 나왔다. 그곳에서 바다는 그녀를 유혹하였다. 바다 소리는 아름다운 노래처럼 그녀에게 들렸다.

"오시게, 카지타, 당신은 방랑으로 지쳤다. 오시게 내 옆으로, 그리고 나의 시원한 팔 안에서 쉬시게. 빨리 오시게, 이 심해 바닥에서 당신을 다시 행복해질 수 있어. 여기에는 당신의 신랑이 될 사람이 기다리고 있어."

도처에서 개처럼 쫓겨 몸도 마음도 지치고 고통을 받은 그녀는, 이 아름다운 유혹의 목소리를 듣자 이제 생각할 틈도 없이, 신랑과 행복을 찾기 위해 바다 바닥으로 몸을 던졌다. 그러나 카지타는 그곳에서도 실망하였다. 신랑은 어디에도 없었다. 그 이래로 그녀는 일체의 세상을 혐오하게 되었다.

그리고 그날부터 신들은 카지타를 라투 키도루로서 남해의 무시무시한 여왕으로 만들었다. 그리고 그녀에게 산제물을 바치지 않고 그 존엄을 더럽히는 자는 벌을 받았다.

남방의 전설과 종교의 관계

이 다섯 편의 이야기를 읽고 생각나는 점은 남방민족에게 심리적으로 사상적으로 다분히 불교의 '인연·인과'라고 하는 사상이 배태되고 있다는 것이다.

상술한 '남방민족의 종교심에 대해' 속에서 나는 이러한 점에 대해 조금 언급한 것을 기억하는데, 요컨대 남방민족의 심리에 이러한 요소가 있음을 우리들은 충분히 알아두지 않으면 안 된다.

만약에 사상적으로 남방민족을 지도하기 위해서 이 요점을 놓쳐서는 어떠한 명론학설도 그 위력을 미칠 수 없다는 점이다.

일반적으로 공산주의도 열대지방에서는 그 온상이 될 수 없다고 하는데, 이러한 의미에서는 정말 지당한 말이다. 현재 소련이 인도의 적화에 부심하고 있지만 좀처럼 그 효과를 거둘 수 없는 것도 그러한 일면을 말하는 것이라 하지 않을 수 없다.

그 나라의 신화나 전설을 읽지 않고는 그 나라의 민족사상이나 그 나라의 민족적 풍격을 파악할 수 없다고 한다. 그런데 오늘날 남방민족을 이해하는 선상에서는 물론 남방민족의 신화와 전설을 읽지 않으면 진정으로 인도네시아 민족의 기분과 그 감각을 파악할 수 없는 것이다.

금후, 우리나라의 문학자들은 크게 현지에 가서 그 전설과 신화를 탐구하고 남방민족의 마음 해부를 시도해야 함을 간절히 희망해 마지 않는다.

저 야자잎이 무성한 남방의 전설, —— 또한 우리들의 로맨틱한 아

름다운 꿈으로서 우리나라에 가져오는 일은 틀림없이 충분히 가치가
있는 일이다.

제국외교의 확립과
'북거남진(北據南進)'

뭐라 해도 최근의 제국외교는 발랄해져 왔다.

밝은 희망과 싱싱함을 국민들에게 느끼게 만든 것은 확실하다.

물론, 이것은 마쓰오카(松岡) 전 외상의 공적이었다.

어떠한 이유에서 마쓰오카 씨가 외상자리에서 물러났는지 국민들은 알 수도 없지만 마쓰오카 씨의 퇴장은 확실히 어떤 쓸쓸함과 석별의 간절한 것이 있는 듯하다.

그러나 다행스러운 일은 도요타(豊田) 신외상도 그 외교수완은 미지수라고 하더라도 명쾌한 두뇌의 소유자이다. 더구나 군인 출신인 이상, 여차하면 상당히 각오를 다질 수 있는 인물이 아닐까하는 점에서 국민은 크게 기대할 수 있을지도 모른다.

신대신이 신문에서 한 이야기를 종합해 보면, 그 근본이념에서는 재래의 제국외교 방침과는 커다란 변화도 없을 거라고 상상된다.

물론, 적어도 제국외교의 근본이념이 고양이 눈이 변하듯이 하룻밤 사이에 변해서는 견딜 재간이 없다.

아무리 변화무쌍한 오늘날 국제정세라고 하더라도 오늘날의 제국외교에는 일관된 신념이 있을 것이다. 숭고한 이상이 있을 것이다.

환언하면 오늘날 제국외교의 진리는 동아공영권의 확립을 위한 모든 외교수단임은 확실한 사실이며 여기에 제국외교의 의연한 확립이 요망되는 것이다.

그것과 동시에 앞에서도 진술하였듯이 단적으로 말하면 '북거남진'이 가지는 진정한 의의를 국민은 충분히 마음속에 파악해 두지 않으면 안 되는 것이다.

대동아공영권과 일본민족

대동아공영권의 진리란 무엇인가? 동아 전민족의 공영공존을 도 모하는 '신질서의 확립'이다.

그리고 동아의 신질서란 무엇인가? 동아 전민족이 하나가 되어 '다 른 민족 블록으로부터 착취당하지 않고, 또한 착취하지 않는, 숭고한 이념을 기초로 하는 민족의 생존체제'를 건설하는 데 있다. 즉, 동아 민족의 항구적 평화와 평등한 안녕 행복을 창조하여 세계에 앞장서고 가장 올바른 인류생활의 더없는 행복을 표현하는 의미이다.

그런데 특히 최근에 '신질서'와 '동아공영권'이라는 말이 오히려 남 용되고 있다고 해도 좋을 만큼 사용되고 있다.

그렇지만, 솔직히 내가 언급을 한다면 그 대다수가 남용이라고 지 적해도 좋을 만큼 그 설명하는 의미가 단지 말의 유희 내지는 유행적 자의로서만 취급되는 경향이 결코 적지 않음을 유감으로 생각한다.

대체 '신질서'와 '공영권'이라는 말을 마치 최근 발견한 것처럼 느 끼고 또는 이것을 새로운 진리처럼 구가하는 사람들이 있다. 그런데, 이러한 사람들은 관점에 따라서는 가장 고전적인 두뇌의 소유자이며 아마 우리나라 개벽 이래 올바른 국사의 회상과 그 검토를 게을리 한 사람들이라고 해도 지장이 없을 것이라고 생각한다.

대체, 오늘날의 세계에서 '구질서'라 하고 '신질서'라고 하는데, 한 마디로 말하면 세계의 '구질서'란 오늘날까지 행하여진 '영국류의 정 책'이다.

즉, 영국처럼 '생산', '항해', '식민'이라는 세 가지 고리로 구성된

식민정책을 취하고 어디까지나 근소한 자국 국민의 안일과 사치스러운 생활을 유지하기 위해 다른 수십 배에 해당하는 민족의 고혈을 짜는 '착취체제' 그 정책을 '구질서'라고 하는 것이라고 나는 정의하고 믿는 바이다. '신질서'란 이러한 오류를 근본적으로 타파하고 자국 국가의 민족은 물론, 다른 이웃 나라 민족도 행복한 생존체제의 범위로 인도한다 —— 라는 점에 있다고 생각한다.

그러고 보면, 오늘날 매우 새롭게 외쳐지는 '신질서'는 우리나라에서는 결코 새로운 사실, 새로운 국가정책의 진리가 아닌 점을 알아차릴 수 있다. 단적으로 말하면, 일본의 일부 사람들이 일본 국사의 올바른 관찰을 태만히 하고 혹은 망각하고 있었음을 의미하는 것이다. 왜냐하면, 일본은 건국 이래 어떠한 경우에도 이 신질서의 이념과 목표를 가지고 발전해 온 올바른 국체(國體)이다.

시험 삼아 '고지키(古事記)'¹ 내지 그 이전의 신대(神代)를 멀리 회상해 보더라도, 그 국가정책이 모두 심원하고 고매한 이상 아래에 경건하게 행하여지고 있음을 알 것이다.

가까이는 저 조선이든 대만이든 혹은 우호적인 이웃 나라로서 만주제국에 대한 태도든, 모두 일본은 신질서를 가지고 길러내거나 또는 이에 임하고 있는 것이다. 만약 중일전쟁에 의해 일본의 신질서

··········
1 3권으로 이루어진 나라(奈良)시대의 역사서이다. 덴무(天武)천황의 칙명으로 히에다노아레(稗田阿禮)가 송습(誦習)한 것을, 겐메이(元明)천황의 명령으로 오오노야스마로(太安万侶)가 문장으로 기록하여 712년에 완성한 일본 최고의 역사서이다. 천황에 의한 지배를 정당화하려고 한 역사서인데 이 중 상권은 신대(神代)의 이야기로 구성되어 있으며 전체적으로 일본의 신화, 전설, 가요 등을 잘 전하고 있는 역사서이다.

이념이 탄생했다고 생각하여 이를 언명한 사람이 있다고 하면, 이는 바로 국사의 발전과정을 망각한 정말로 물정에 어두운 사람이라고 하지 않으면 안 된다.

이렇게 논급하면 '동아공영권과 일본민족'에 대해, 이야기해야 할 많은 내용도 관념적으로는 무용하게 된다.

그렇지만 불행하게도 세상 사람들 중에 자칫하면 '동아공영권'의 의미를 잘못 천착하고 또는 협의로 해석하여 구미류로 이론 부여하는 논자, 혹은 그것을 기초로 하는 '남진론'의 횡행을 발견하는 오늘날, 나는 그러한 사람들에게 다짐을 해 두고 싶다고 생각한다.

×　　　　×

그 이래, 국가정책을 하룻밤 때우는 고찰로부터 출발한 대다수는 졸렬한 책략이며 위험하다.

특히 국가 흥륭을 도모하는 이른바 '대계(大計)'는 단순한 그 자리의 상태라든가 풍향이라든가로 즉흥적으로 생각이 떠오르는 '변덕'으로는 결코 세울 수 있는 것이 아니며 또한 세워 갈 수 없는 것이다.

이른바, 국가의 대계는 '공도(公道)'를 당당하게 매진하기 때문에, 이상하게 약아빠지게 쪼르르하고 '궤도'를 들어가거나 '좁은 골목'을 빠져나가는 듯한 태도여서는 안 되는 것이다. 궤도나 좁은 골목을 빠져나가면 때때로 지름길이 있을지도 모르지만, 그것은 때때로 있는 일이고 깊은 도랑도 있고 막다른 골목의 미로도 있다. 국가의 대계는 어디까지나 대도나 공도이지 않으면 안 된다.

그리고 그곳에는 가장 올바른 신조가 있어 마땅하다.

1. 올바르고 숭고한 국가방침을 가질 것.
1. '선견지명'을 가질 것.
1. 국민으로 하여금 빈곤한 기분을 가지게 하지 말 것. 가령 국가가 때때로 어떠한 곤란에 직면하여도 늠름한 민족정신의 고양에 의해 이를 극복하고 비열한 소견을 품지 많도록 할 것.

이것이다.

이 세 가지를 파악하는 정치가라면 결코 국가의 전도를 그릇되게 하는 일은 없을 것이다.

그런데 내가 전술한 대로 오늘날의 지도자 내지는 이론가 중에는 이 세 가지의 조건을 망각하고 혹은 협의로 해석하는 사람들도 상당히 보인다. 첫째, 내가 근래의 잡지 또는 출판물을 보면, 멋대로 특히 동아공영권에 들어가는 남방제국의 물자자원의 숫자 나열과 그 세계적 보고인 이유가 열거되어 있는데 그 필자의 기분이 어디에 있는지 의심스러워진다.

게다가 이상하게 탐이 나는 듯한 필치로, 예를 들면 가난한 자가 이웃 부자의 창고 속에 있는 금은재보를 소문내는 듯한 저 품위가 없는 모습——과도 닮은 표현을 볼 때에, 나는 언제나 말할 수 없는 불쾌감을 느낀다.

요컨대, 네덜란드령 동인도의 물자도, 프랑스령 인도차이나 물자의 품평도 오늘날에는 필요하지 않다. 이른바 타인의 물건은 어디까지나 타인의 물건이다.

단, 이들 민족과 어떻게 제휴하여, 더구나 어떻게 이 타인의 물자를 명쾌하게 이쪽으로 받아 올 것인가라는 구체안을 고려하면 되는 것이다.

이것을 이상하게 논리로 설명하여, '너희들의 물건은 우리들 것이야.' —— 라고 말하는 듯한 품위가 없는 말투를 하면 결국 상대 나라의 민족 감정을 멋대로 해칠 뿐이며 조금도 득책이 아닌 것이다. 혹은 남방민족을 기묘하게 토인(土人) 취급하는 시선으로 비하하여 바라보는 듯한 태도, 이것도 가장 금물해야 하는 사항이다.

또한, 어중이떠중이 모두 다 그 사정을 알지 못하고, 멋대로 '개척', '개척'이라고 하지만 엄밀하게 그 숫자를 일견하면, 발아래에 불이 붙은 듯이, 커다란 외침소리를 가지고 일본인이 '개척'하지 않아도 되는 것이다. 그렇기는커녕 일본에 이들 모든 물자가 수입된다면, 오히려 일하는 사람이 부족할 만큼 남아돌아가는 것이다. 요는 어떻게 하여 이들 지역의 물자자원을 일본에 가지고 와서 일본의 필요량을 충당하고, 그 위에 물자에 따라서는 이를 공업화하거나 상업화한 제품으로서 그들에게 정당한 대상(代償)으로 그들 손에 되돌려 줄 것인가에 있다.

더구나, 재래 영미가 행한 저 폭리를 탐하는 태도를 조금도 답습하지 않고, 새로운 올바른 가치 —— 즉, 일본의 지금까지 가지고 온 신질서의 이념 —— 환원하면, 팔굉일우의 대정신을 기초로 한 마음가짐으로 행한다면, 어떤 걱정도 거리낌도 없을 것이다.

이를 위해서는 정말로 형편이 좋은 점이 있다. 오늘날 어쨌든 상하

이까지 이른바 도나리구미(隣組)[2]가 된 일본은 구미의 항로보다 훨씬 항로가 가깝다고 하는 점이다. 가까운 항로는 먼 항로보다 뱃삯이 싸게 된다. ——이것은 초등학교 아동이라도 아는 사실이다. 그리고 값싼 임금은 값싼 가격으로 거래를 할 수 있다는 것도 절대 무리가 없는 사실이다.

이렇게 보면 다가오는 장래에 일본 및 일본인의 지도가 합당하다고 한다면, 구미 제민족과 경쟁하여 당연히 이쪽이 승리의 큰 깃발을 치켜올릴 수 있음은 두말할 필요도 없다.

하물며 영국은 바로 멸망의 직전이며 프랑스도 과거의 잘못된 국가정책을 시정하려고 하는 기운으로 향하고 있고, 네덜란드도 이윽고 구축국가 진영으로 떨어질 것이며 단지 이 동아민족의 신질서 앞을 가로막는 것은 아메리카이다. 그런데 이도 우리 국민의 총의와 결의가 확실하다고 하면 하등 두려운 일은 없다.

물론, '동아공영권 확립과 일본민족'이 가는 길에는 아메리카가 완고하게 방해하는 것은 각오하지 않으면 안 되지만, 아메리카의 대서양과 태평양 양면작전이 결코 성공할 수 있는 것이 아니다. 이것은 전문 이외의 나와 같은 비전문가의 관점으로 보더라도 옛날 이래로 작전 원칙이라는 것은 일정하여 결코 그 근본원칙은 경시할 수 없다.

고대 로마 격언에 '동시에 다수 국가를 적으로 하지 말아라.'라는

----

2 제2차 세계대전 아래에서 일본의 국민통제를 위해 만들어진 지역조직이다. 조나이카이(町內會) · 부락회(部落會) 아래에 속하며 가까운 수 가옥이 한 단위가 되어 상조, 자경, 배급 등을 담당하였다. 일본이 패전하고 나서 1947년에 폐지되었다.

말이 있는데, 특히 양면 해상작전을 가지고, 적을 격파하는 것은, 이른바 작전상 지난한 일 중의 지난한 일이라고 여겨지고 있다. 그보다 우리들이 첫째로 잊어서는 안 되는 일은, 올바른 이유와 의도에 의한 전투행위인가, 또는 비뚤어진 저의, 또는 욕망에 의해 행해진 전투의지인가 ── 이렇게 간단하게 단언할 수 있는 명언, 두 가지 전투의지가 결국 승패의 최후를 결정할 것이라는 점은 누구나 깨닫는 바이다.

즉, 불행하게도 우리 일본의 올바른 국가 성장을, 아메리카가 이해하지 못하고 우리들에게 어디까지나 도전해 온다면 아메리카는 문자대로 동아에 대해 금후 한 마디도 발언할 수 없게 될 뿐만 아니라, 반드시 자국의 파멸을 초래할 것이다.

만약, 영국·미국이 아니라 오늘날은 미국·영국이겠지만, 미국·영국이 일본·독일·이탈리아, 그 외의 구축국가군과 최후의 전투를 기도하려고 한다면, 이 전쟁은, ──

'물자와 사람'의 결전이 되는 이유이다.

사람의 진리가 이길 것인가? 물자가 효과를 나타낼 것인가?

이에 다름 아닐 것이다.

물론, 물자가 오늘날의 전쟁수행에 중요함은 두말할 필요도 없다. 그러나 그 물자를 사용하는 인간의 혼이나 국민의 전쟁완수의 총의가 결핍해 있다면 전쟁은 절대로 이길 가망이 없는 것이다.

이러한 의미에서 오늘날의 아메리카는 이미 패배이다.

아메리카는 이제 세계의 평화라든가 인도를 창도하는 '진리'를 상실하고 있는 국가이다.

이 점을 우리들은 깊이 통찰하지 않으면 안 된다.

이와 공시에 국민의 총의 —— 국가의 대계에 대해 선명하게 파악해 두지 않으면 안 된다는 결의를 항상 가질 것이다.

그런데 논지는 다소 옆길로 비켜날 것 같지만, 요컨대 아메리카를 두려워할 거리가 못 된다고 결론 낼 수 있다면, 나는 재차 '공영권'의 문제에 최후의 일고찰을 두루 생각하고자 한다.

전술한 것처럼, 동아공영권의 범위 내에는 극히 풍부한 자원이 있고 더구나 이것을 가져오기에도 가져가기에도 재래의 영미의 뱃삯보다 훨씬 싸게 거래가 가능하다. —— 그래서 첫째 무엇보다 선박의 필요를 느끼는 이유이다. 또는 거래에는 당연히 경시할 수 없는 다양한 문제가 있다.

네덜란드령 동인도, 필리핀, 남양, 말레이, 보르네오, 프랑스령 인도차이나, 버마 —— 다소 먼 호주 또는 뉴칼레도니아의 교착하는 민족의 분포상황, 또는 상술한 것처럼 그들의 대부분을 차지하는 이슬람교(회교)의 종교문제 —— 또는 남양 화교의 경제적 세력 —— 이것들을 어떻게 처리하고 응대해 가는가가 오늘날의 일본민족에 부여된 구체적인 명제이다.

이제 동아공영권이라는 표현의 자의나 또는 피상적인 '남진개척론'에 시간을 허비할 시기가 아니다. 실행해야 할 올바른 방법, 수단의 구체적 표현이다.

일본의 지도자, 이론가도 멋대로 용궁의 파노라마라도 보이는 듯한 필치는 그만두고, 하나하나 알맹이가 있는 예증을 가지고 국민을 지도하지 않으면 안 된다.

예를 들면, 이슬람교도는 어떤 버릇이 있는지, 또는 천연자연이나

타국인을 어떤 식의 관점으로 취하는가? ―― 더구나 이들과 협력 융화하기 위해서는 어떠한 방법을 취해야 하는가. 그들의 1일 임금과 1개월의 생활비는 어느 정도 드는가?

생각해내면 한없이 있을 것이다.

그 하나하나를 연구하고 그것을 발표함으로써 일본민족의 '동아공영권의 정책방법'의 안내서가 되며 암시가 될 것이다.

이것이 오늘날 필요함을 나는 반복하여 이야기하고 싶다.

이렇게 '대동아공영권과 일본민족'의 문제를 볼 때, 나는 명백하게 대답할 한마디를 발견할 수 있다. 대동아공영권 확립은 건국 이래 우리나라 대정신인 이상, 훌륭하게 성취할 수 있을 것이다. 그리고 이것을 완수할 시대를 만들 때가 일본민족의 가장 우수한 시대라고.

우리들은 이 영광을 자손들에게 계승하기보다, 우리들 시대에 우리들 손으로 완성하고 오히려 자손으로부터 존경과 감사를 받는 민족이었으면 한다고 간절히 생각한다.

척남(拓南) 청년의 양성은 긴급책

그것이 '강행정책'의 목적이 아니라고 해도 오늘날 남방에 젊은 사람들을 보내지 않으면 어떠한 정책, 명론도 그 실행이 지난함은 두말할 필요도 없다.

이것은 관청만의 힘으로 가능한 일이 아니다.

민간 측에서도 크게 협력하지 않으면 도저히 불가능한 상담이다.

물론, 서로의 남방에 대한 인식과 과거에 있어서 세력은 뭐라고 하더라도 구미에 뒤쳐져 있었기 때문에 일반국민의 남방에 대한 상식은 겨우 초보라 해도 지장이 없다.

이것을 만회하기 위해서는 물론 한 달이나 반년으로는 불가능한 이야기일지 모르지만 그것에 도달할 단계만은 시급히 준비하지 않으면 안 된다.

내가 관계하고 있는 동아건설협회(東亞建設協會)에서도 '척남부(拓南部)'를 신설하여 이에 대한 준비행동을 개시하였다.

이러한 일은 조야의 국가적 협력과 원조가 없으면 좀처럼 실행할 수 없는 사항이기 때문에 그 방면에 있는 사람들의 이에 대한 이해가 하루라도 빨리 바람직스러운 것이다.

이를 위해서 이들 척남에 응비하는 청년 자녀를 우선 교육할 기관과 사설학교가 필요하다.

이미 이러한 일에 착수한 사람들도 있지만, 요는 하나나 둘로는 충분하지 않다.

이러한 일은 그 지도가 합당하다면 전국적으로 몇 개가 있어도 좋은 것이다.

그러나 여기에는 조야한, 더구나 메이지시대의 이른바 야만스러운 풍습형의 청년을 보내는 것은 금물이다.

물론, 그 내심에 품고 있는 패기는 어디까지나 널리 가득 찬 진심의 소유자이지 않으면 곤란하지만, 그렇다고 해서 맹수 사냥이나 밀림의 엽기를 단지 꿈꾸는 듯한 단순한 영웅주의자여서는 안 된다.

여기에 건실한 청년 자녀를 양성할 기관의 필요를 느끼는 바다.

물론 청년들에게는 꿈이 없어서는 안 된다.

꿈이 없는 진부한 인간인 현대 지식인사가 많기 때문에 일본에도 발랄한 인물이 부족한데 요는 그 꿈의 조건과 내용이다.

어쨌든 척남에 보낼 청년자녀를 교육하는 기관의 설립은 모든 관점에서 보아도 긴급한 사항이라고 나는 절실히 생각하고 있는 한 사람이다.

네덜란드령 동인도와 우리 외교

네덜란드령 동인도 민족에 대해서는 여러 번 상술하였듯이 어디까지나 애정을 가지고 이것을 지도해 주지 않으면 안 된다고 생각하지만, 그들을 지배하고 있는 오늘날의 네덜란드 정부는 철저하다고 해도 좋을 만큼 '영미 의존'임은 주지의 사항이다.

따라서 어떻게 일본이 성의를 가지고 설득하려고 해도 이른바 마이(馬耳)에 염불이며, 호의적인 대답이 일을 리가 없다.

단지, 네덜란드 정부는 어디까지나 '이런 수 저런 수'에 의해 국제정세가 전회하는 것을 기다려 유리한 조건으로 담판을 매듭지으려고 하는 저의임은 충분히 엿볼 수 있는 바이다.

그들의 이런 수에 일본외교가 언제까지나 응할 수는 없는 것이다.

모든 의미와 주위의 환경과 국제정세의 조건을 생각해 보고, 어떻게 그것을 알고 있다고 하더라도 언제까지나 선량한 표정을 가지고 이들을 접할 수는 없다.

이제, 마음을 정하고 상대를 딱 노려보며 하나의 방법을 취할 수단 까지 도달해 있다고 생각한다.

도쿠토미 소호(德富蘇峰)[3] 선생이 '네덜란드령 동인도의 전말(蘭印 の始末)'에 대해 다음과 같은 것을 진술하였는데 지극 동감이기 때문 에 그 일부를 여기에 전재해 보겠다.

> 원래 네덜란드의 여왕은 영국에 몽진(蒙塵)해 있다. 네덜란드령 동인도에서 모든 권리는 영국인의 손에 귀속되지 않으면 미국인의 손에 귀속되어 있다. 그 네덜란드령 동인도를 향해 범상한 상담을 제안한다고 해서 도저히 진전이 있을 리가 없다. 하물며 일이 진척 되지 않은데 오로지 외교 하나만으로 하고 있는 네덜란드인에게 있 어서랴.
>
> 무릇 메이지 이래, 외교관으로서 요시자와(芳澤)[4] 전 외상(外相) 만큼, 끈질긴 사나이는 없을 것이다. 일본에서 끈질긴 사나이의 선수 를 든다면 누구나 요시자와 씨를 첫 번째 손가락에 꼽을 것이다. 그렇

----

3 1863~1957. 메이지시대부터 쇼와시대에 걸친 저널리스트이자 평론가. 1886년 「장래 의 일본(將來之日本)」으로 문명을 알리고, 1887년 민우사(民友社)를 창립하여 『국민 의 벗(國民之友)』, 『국민신문(國民新聞)』을 창간하여 평민주의를 주장하였다. 청일전 쟁을 계기로 평민주의에서 국가주의로 기울기 시작하였다. 제2차 세계대전 중에는 군부와 유착하여 대일본언론보국회(大日本言論報國會) 회장을 역임하고 1943년에 문 화훈장을 수여 받았다.

4 1874~1965. 다이쇼(大正)기에서 쇼와(昭和)시대의 외교관인 요시자와 겐키치(芳澤謙 吉). 1899년 외무성에 들어가 1923년 중국 공사가 되었으며 1925년 소련 대사와 일본 ·소련 기본조약을 체결하였다. 1930년 프랑스대사와 국제연맹 일본 대표를 겸하고 1932년 외상이 되었으며, 전후인 1952년 초대 중화민국 대사가 되었다.

기 때문에 요시자와 씨를 특파하여 그 교섭 책임을 담당하게 만들었을 것이다. 그런데 그러한 요시자와 씨조차도 끈기가 다해, 단념했다고 하는 상태에 이르러서는 이제 우리들도 대략 각오를 정하지 않으면 안 된다.

× ×

생각건대 네덜란드 측에서는 광일미구(曠日彌久), 어디까지나 담판을 뒤로 연기하고 국제정세가 서서히 전회하는 것을 기다리고 있을 것이다. 그들에 있어서는 그것이 묘책일지도 모르지만 우리들에게 있어서는 이만큼 성가신 일은 없다.

× ×

마쓰오카(松岡) 외상은 일찍이 네덜란드령 동인도를 동아공영권 내에 두고 있었다. 바꿔 말하면, 마쓰오카 외상의 견해에 따르면 네덜란드령 동인도를 제외하고는 동아공영권의 성립은 불가능하다고 하는 게 된다. 그만큼 동아공영권 내에 중대한 관계를 가지는 네덜란드령 동인도가 영미의 대표자가 되어 우리 일본의 평화로운 담판에 대해 방해를 하는 경우에 있어서 이제 우리들도 가망 없는 것으로 단념하지 않으면 안 된다. 단념한다고 하는 것은 종전의 방법 이외의 방법을 가지고 우리들의 목적을 달성하는 일이다.

라고 명쾌하게 말씀하셨다.

이것이 어떠한 의미인가는 말하지 않아도 알 수 있는 사항이다.

즉, '강경외교'이다.

이 '강경외교'를 외무 당국에 용이하게 만드는 것은 누구인가? 그 원동력은 누구인가?

그것은 국민이다. 국민의 총의이다.

아무리 뛰어난 '외교방침'과 확고부동한 군 당국의 정신이 병행하고 있다고 하더라도 그보다 오히려 한발 앞설 정도로 국민이 커다란 결의를 보여 군사, 외교 당국자에게 무형이기는 하지만 위대한 마음의 '성원'을 진상하는 것이야말로, 각하 국민의 임무이지 않으면 안 된다.

그것이 무력이든 평화수단이든 아마 네덜란드령 동인도에 대한 '사고방식'은 당국자와 국민들 모두 오늘날에 그 의견에 종이 한 장의 차이도 없다.

오로지 한결같이 전진한다. ……

이것이야말로 제국외교의 최후 승리를 떨치는 최초의 결쇠이며 또한 종국에 있어서 결정적인 해결책이다.

망설여서는 안 된다.

예의 영미의 일시적인 좋은 미끼를 절대로 먹어서는 안 된다.

지금이야말로 조야를 통틀어, 가스미가세키(霞ヶ關)[5]를, 아니 제국

----

5 도쿄(東京) 지요다구(千代田區)의 지명. 인접하고 있는 나가카초(永田町)와 더불어 일본의 각종 행정기관 청사들이 위치하고 있는데, 일본을 대표하는 관공청 거리로서

외교를 적극적으로 지지하지 않으면 안 되는 시기이다.

　비가 내리든,

　바람이 불든,

　폭풍이 일어나든,

　조금도 걱정할 필요가 없다.

　이쪽의 마음마저 확실하고 생각한 대로를 엄하게 밀고 나가면 네덜란드 정부는 반드시 항복할 것이다.

　그리고 결국──

　'비 온 뒤 갬'

　이라고 통지받기에 이를 것이다.

　'가스미가세키'는 정부 부서나 그곳에서 근무하는 관료의 대명사가 되었다.

남방공영권 찬가(南方共榮圈の讚歌)

아아, 여명은 동아로부터
서구는 이미 황혼의 때가 되었다.
동아 민족을 제지하던
백인의 사슬, 지금 여기서
끊고 나아가자, 호연히.

기억하라, 풍요로운 아시아를
제 것인 양 행세한 지 수 세기,
천인(天人) 모두 용서하지 않는
교만한 그들의 구질서
동아 밖으로 몰아내자.

들으라, 세계의 동포여
올바른 우렁찬 외침 우리의 주장,
인방호조(隣邦互助)를 도모하는
자급자족의 평화향(平和鄕)
세워 보이자, 정연하게.

보라, 찬연하게 해는 떠올라
동아의 하늘은 구름 없고,
세계에 앞장서서 인류의

숭고한 이상을 받치면서
공영권의 진군보.

아아, 아름답고 드높이
평화수립의 창화(唱和)가 있고,
유쾌하구나, 7억
민족의 개가(凱歌)는 낭랑하게
동아의 천지에 울려 퍼졌다.

결론의 말

'남방감각'의 교정을 마치고 보니 내 자신의 남방민족에 대한 생각 방식이 너무 후의적인 것처럼 생각된다.

이것은 이 책과 서로 닮아 있는 나의 이전 저서 『중국의 모습(中國 の姿)』의 교정이 끝났을 때에도 느낀 기분이지만, 같은 인간의 느낌 방식이라는 것은 어느 경우라도 그 근본 관념은 변화하지 않는 것이 라고 새삼스럽게 절실히 생각하는 바이다.

대체 민족 문제에 대한 생각 방식은 결국 두 형태밖에 없는 것이다.

즉, 근린 민족에 대해 애정을 가지고 이에 임하는지, 그렇지 않으 면 어디까지나 힘으로 이를 지배하든지 하는 방법이다.

이것에는 어쨌든 각각의 이론과 이유가 붙여져 전자는 반드시 그 실행에 있어서 불가능하며 후자는 반드시 악이라고 단언할 수 없는 성질이 있을 것이다.

이른바, 어느 것이 선, 어느 것이 악이라고 하는 것은 그 사람들의 주관의 차이이며, 시간과 경우에 따르지만, 더구나 그 한쪽만이 절대 적이라고 할 수 없는 성질일지도 모른다.

그렇지만, 나는 앞에서 여러 번 서술하였듯이, 민족문제를 본질적 으로 처리하기 위해서는 단순한 '강행정책' 외곬으로는, 그것이 불가능하다는 이야기이라는 것만은 강하게 믿고 있는 사람이다.

이것도 앞에서 말했지만, 생각해 보면 일본민족만큼 어느 의미에서 올바르고 도의적으로 더구나 합리적으로 성장하고 발전한 민족은 세계에 없는 것이다.

물론, 솔직히 말해 오랜 역사 뒤에는 다소의 예외는 있다고 하더라도 다른 세계의 민족 역사와 비교해 보면 이렇게까지 아름답고 또한 정의로운 민족 역사를, 과거에 가지고 있는 민족은 절대 없다는 것이다.

이는 단순한 일본의 자랑도 아니며, 과장도 아니다. ──완전히 사실인 셈이다.

그런데 특히 러일전쟁 이후, 마치 일본이 침략주의의 대표국인 것처럼 구미에 선전되어 버려, 그것이 일본에 있어서 얼마나 눈에 보이지 않는 다대한 손해를 주고 있는지 알 수 없다.

이것은 일본인의 선전이 서투르고 애교가 부족하며 성격이 급한 결점에 의한 것이며, 이점에 대해서는 금후의 일본 및 일본인은 상당히 생각하지 않으면 안 되는 사항이라고 생각하고 있다.

남방정책만 한정된 점은 아니지만, 이 사안은 진실로 국가 전체가 고려해야 할 일이라고 통절하게 느끼는 바이다.

남방문제 ──남방에 대한 우리들의 감각은 나날이 어려워지고, 또한 생각하지 않으면 안 되는 점, 실행하지 않으면 안 되는 점이 점점 많아지고 서로 아주 짧은 순간도 안이하게 있을 수 없다. 그런데 이곳에 현대 일본민족의 위대한 생존의의를 발견하고 그리고 그것을 영광으로 느끼고 강고한 발걸음을 하지 않으면 안 된다.

×   ×

이 교정이 끝날 때에 예감하고 있었던 것처럼, 돌연 '독일과 소련의 개전(開戰)'이 보도되었다. 물론, 이 사실은 단연코 와야 할 사항이 왔다고 하는 것 이외에 커다란 인상도 놀라움도 느끼지 않지만, 그러나 일본으로서도 조금도 관계가 없다고 이른바 멀리 '강 건너 불구경' 하며 놓치고 있을 수는 없다.

아니 이 사실은 있는 그대로 말해 일본에 있어서 절호의 기회이다.

일본이 취해야 할 수단은 당국을 신뢰하여 여기에서 이것저것 국부적인 주문을 하지 않지만 어쨌든 이 사태는 우리들 1억 민족에게 드디어 커다란 결의를 가지고 만반의 준비를 하여 그 전방을 응시할 때가 온 것만은 확실하다.

해설

이 책『남방감각(南方感覺)』은 데라시타 무네타카(寺下宗孝)가 현재의 말레이반도와 인도네시아 지역을 대상으로 하여 남방정책을 비롯하여 이곳의 역사, 풍습, 산업, 무역, 종교, 예술, 신화, 설화를 중심으로 하여 1941년 8월 산유샤(三友社)에서 간행한 것을 번역한 것이다.

원저자 데라시타 무네타카는 그다지 상세한 정보가 알려지지는 않았지만, 1930년대 중반부터 주로 중국과 '남양' 지역, 그리고 이 지역의 정세와 관련된 다수의 글과 저작을 남기고 있다. 데라시타 무네타카는 와세다(早稻田)대학 출신이며, 육군보도반원(陸軍報道班員)으로 활동한 경력을 가지고 있다. 그는 이『남방감각』외에도 모두 3권의 도서를 남기고 있는데,『중국의 모습(中國の姿)』(健文社, 1939)과『필리핀작전 종군기 — 성조기 내려오다(比島作戰從軍記　星條旗墜ちたり)』(揚子江社, 1943), 위문도서『전선위문 소화단편집 와라와시대원의 일기(前線慰問笑話短篇集 笑鷲隊員の日記)』(新聞通信社, 1944) 등이 이에 해당한다.『중국의 모습(中國の姿)』은 본인과 관계하고 있었던 중국 요인의 사진도 실어 당시 중국의 정세를 기술한 도서이다. 데라시타는 1938년에 성립된 일지민족회의(日支民族會議)의 기관지인『일지민족

회의』에서 기자로 일하고 있었기 때문에 중일관계 및 중국의 정세에 깊은 관심과 교류가 있었다고 볼 수 있다. 또한『문화일본(文化日本)』(日本文化中央聯盟, 1941.12)에「남방정책의 중점(南方政策の重點)」을,『실업의 세계(實業の世界)』'남진(南進)특집호'(實業之世界社, 1941.3)에「남방문제의 평화적 해결(南方問題の平和的解決策)」을, 『정계왕래(政界往來)』(政界往來社, 1940.12)에는「미국의 동향과 국민의 각오(アメリカの動向と國民の覺悟)」를, 『외교시보(外交時報)』(外交時報社, 1941.6)에「태평양을 재검토하다(太平洋を再檢討す)」를 게재하고 1942년 12월 18일에는 필리핀협회(比律賓協會)에서「필리핀 공략전에 종군하여(比島攻略戰に從軍して)」라는 제목으로 강연을 하기도 하였다. 이러한 내력으로 보아 데라시타 무네타카는 중국과 '남양'지역에 대해 지대한 관심을 가지고 있었을 뿐만 아니라 1930년대 중반 이후 긴박해지고 있었던 국제정세에 대해서도 자신의 견해를 적극적으로 개진하고 있었다고 할 수 있다.

『남방감각』은 데라시타가『중국의 모습』에 이어 두 번째로 간행한 도서이다. 일본은 1936년 이른바 '5상회의(五相會議)'에서 동남아시아 지역으로의 팽창이 일본의 국책 범주로 들어오고, 1940년 일본이 이 지역에 대한 군사적 진출이 공식화되면서 '남양(南洋)', '남방(南方)' 지역에 대한 열기가 고조되면서 이 지역과 연관된 도서의 간행이 대량으로 쏟아지게 된다. 이 책은 태평양전쟁이 발발하기 직전의 이러한 '남양', '남방' 열기의 고양이라는 시대적 분위기 속에서 간행된 것인데, 필자가 이 책에서 제시하고자 하는 가장 커다란 의도는 바로 '남방민족의 마음'이며 '민족심리'에 대한 파악이라 할 수 있다. 데라시타는 당시 '남방정책은 무언가에 편승하는 일시의 대책이어서는 절대 안 되며' '근본적이고 또한 항구적 대책을 마음 깊은 곳에서 수립'해야 함을 강조하면서 그 해법으로 제시하고자 한 것이 바로 '남방민족의 마음'과 '민족심리'라고 하는 요소였던 셈이다. 더군다나 당시의 "남방문제를 비판, 해부하는데 즈음해서도 단순한 '강행정책'의 추상론이거나 막연한 남방을 가리켜 일견 용감하게 들리는 저용(猪勇)형의 '남진론'이어서는 안 된다"는 점을 분명히 하면서 남방민족에 대한 민족심리 탐구를 적극적으로 제시하고 있다.

이러한 민족심리와 정신생활을 탐구하기 위해 이 책에서는 〈남방정책의 중점〉, 〈남방의 모습〉, 〈남방의 예술〉, 〈남방의 신화와 전설〉, 〈제국외교의 확립과 '북거남진(北據南進)'〉이라는 챕터로 나누어 '남방민족의 인종적 분포의 엄밀한 재검토'와 '역사적 과정의 올바른 회상', '종교', '풍속습관', '전통전설'을 기술하고 있다. 필자는 기본적으로 올바른 '남방정책론'을 전개하기 위해서는 '남방민족의 인정, 습관, 풍속, 종교문제'를 이해하여 '남방사정'을 충분히 이해해야 한다는 입장이다.

그래서 〈남방정책의 중점〉 챕터에서는 남양무역, 남양화교, 남방의 회교도, 종교에 대해 기술하고 있는데 데라시타의 기본적인 입장은 '남방인'이 가지고 있는 전통이나 종교, 나아가 이 지역에서 중심적 역할을 하고 있는 화교에 대해서 배척하거나 강압적인 위치에서 내려보는 것이 아니라 그들의 입장을 이해하고 포용해야 함을 시종 강조하고 있다. 이와 더불어 말레이반도의 역사적 흐름과 서양의 지배과정, 이 지역의 가치와 중요성에 대해서도 상세한 설명을 부가하고 있다. 다음으로 〈남방의 모습〉 챕터에서는 자바의 발리섬과 수마트라, 보르네오의 풍속과 남양의 노래를 소개하면서, 자신들만이 '문화인' 내지 '문명인'이라는 자세를 취하고 남양인의 풍속과 습관을 이상하게 바라보거나 경시해서는 안 된다는 점을 누차 강조하고 있다. 나아가 남양의 노랫소리에 대해서는 친근함을 표현하고 있다.

다음으로 〈남양의 예술〉 챕터에서는 이 지역의 예술에 대해 '불가사의하게 아름다운 환영의 예술'로 규정하고 자바의 연극 와양(wayang)극과 토펭(Topeng, 가면)극, 그리고 보로부두르(Borobudur)의 불교 유적에 대해 긍정적인 시선으로 설명하고 있다. 한편 '남방의 신화와 전설' 챕터에서는 역시 '남방은 꿈의 나라, 남방은 신비한 나라'라 지칭하며 이들 민족의 심리와 그 감각이 잘 반영되어 있는 5개의 신화와 전설을 소개하고 있다. 그런데 여기서 소개하는 5개의 신화와 전설은 아쉽게도 사이토 마사오(齋藤正雄)의 『남해군도의 신화와 전설(南海群島の神話と傳説)』(寶雲舎, 1941)에서 가져온 것이다. 그리고 이 부분에는 고유명사 등이 일본식 표기로 되어 있는 것 중 일부분은 원어 발음을 찾을 수 없어서 최대한 가까운 발음으로 표기했음을 밝혀둔다.

이와 같이 필자 데라시타는 인도네시아를 중심으로 한 남방인, 그리고 그들의 문화와 종교, 전통, 풍속, 심지어는 이 지역의 주요세력인 화교에 대해서도 강압적인 정책이나 차별적인 시선보다는 그들을 포용하고 그 특수성을 인정하는 시선에서 바라보고자 하였다. 그럼에도 불구하고 이 책의 궁극적인 목표는 마지막 챕터인 〈제국외교의 확립과 '북거남진(北據南進)'〉에서 상세하기 기술하고 있듯이 당시 일

본 내에서 소란스럽게 외쳐지던 '대동아공영권 건설'에 초점이 맞추어져 있음은 물론이다. 그는 '대동아공영권'과 '신체제' 건설의 원칙을 바로 세우고 '남방' 지역에 웅비할 청년을 교육할 기관과 사설 학교의 필요성을 역설하면서 현재의 인도네시아에 해당하는 네덜란드령 동인도에 대한 적극적 조치의 필요성을 제기하고 있다. 따라서 이 책은 1940년 전후하여 일본을 풍미하였던, 인도네시아를 비롯하여 동남아시아의 역사를 유럽과 백인에 의한 침탈과 착취의 역사로 규정하면서 이에 대항하기 위해 일본을 중심으로 아시아민족의 대동단결을 주장하고 서양에 맞선 '대동아공영권 건설'의 당위성을 적극 호소하는데 그 무게중심이 놓여 있었다. 이는 책의 마지막 부분에 실려 있는 '남방공영권 찬가(南方共榮圈の讚歌)'에도 잘 드러나 있는 바이다.

저자 **데라시타 무네타카**寺下宗孝

『일지민족회의(日支民族会議)』의 기자와 육군보도반원으로 활동하며 중국과
동남아시아 및 국제정세에 관한 다수의 도서와 평론을 발표. 『남방감각』 외에
『중국의 모습(中国の姿)』(健文社, 1939), 『필리핀작전 종군기―성조기 내려
오다(比島作戦従軍記 星条旗墜ちたり)』(揚子江社, 1943), 위문도서인 『전선
위문 소화단편집 와라와시대원의 일기(前線慰問笑話短篇集 笑鷲隊員の日記)』
(新聞通信社, 1944) 등이 있다.

역자 **정병호**

고려대학교 일어일문학과 교수. 일본근현대문학과 문화 전공. 최근에는 식민
지일본어문학, 재난문학, 동남아시아 일본어 이중언어문학에 관심을 가지고
있다.

최근 주요 저역서에는 『남양 남방의 일반개념과 우리들의 각오』(역서, 보고
사, 2021.4), 『동아시아 재난서사』(공저, 보고사, 2020.12), 『일본문학으로
보는 3.1 운동』(고려대출판문화원, 2020.2), 『近代東アジアにおける〈翻訳〉と
〈日本語文学〉』(공저, 花書院, 2019.3) 등이 있다.

일본 동남아시아 학술총서 9

남방감각

2023년 2월 17일 초판 1쇄 펴냄

저　자 데라시타 무네타카
역　자 정병호
발행자 김흥국
발행처 도서출판 보고사

책임편집 이소희
표지디자인 김규범

등록 1990년 12월 13일 제6-0429호
주소 경기도 파주시 회동길 337-15 보고사
전화 031-955-9797
팩스 02-922-6990
메일 bogosabooks@naver.com
http://www.bogosabooks.co.kr

ISBN 979-11-6587-430-8　94910
　　　979-11-6587-169-7　（세트）
ⓒ 정병호, 2023

정가 15,000원